Franz Bydlinski
Über prinzipiell-systematische Rechtsfindung
im Privatrecht

Schriftenreihe
der
Juristischen Gesellschaft zu Berlin

Heft 141

W
DE
G

1995
Walter de Gruyter · Berlin · New York

# Über prinzipiell-systematische Rechtsfindung im Privatrecht

Von
Franz Bydlinski

Vortrag
gehalten vor der
Juristischen Gesellschaft zu Berlin
am 17. Mai 1995

W
DE
G

1995
Walter de Gruyter · Berlin · New York

Dr. iur. *Franz Bydlinski,*
Professor für Zivilrecht und Juristische Methodenlehre
an der Universität Wien

♾ Gedruckt auf säurefreiem Papier,
das die US-ANSI-Norm über Haltbarkeit erfüllt.

*Die Deutsche Bibliothek – CIP-Einheitsaufnahme*

**Bydlinski, Franz:**
Über prinzipiell-systematische Rechtsfindung im Privatrecht :
Vortrag, gehalten vor der Juristischen Gesellschaft zu Berlin
am 17. Mai 1995 / von Franz Bydlinski. – Berlin ; New York :
de Gruyter, 1995
   (Schriftenreihe der Juristischen Gesellschaft zu Berlin ; H. 141)
   ISBN 3-11-014998-2
NE: Juristische Gesellschaft <Berlin>: Schriftenreihe der Juristischen
   ...

## 1. Bestmögliche Begründung rechtlicher Lösungen als Leitziel

Was ich heute vorlegen möchte, ist ein Plädoyer für die praktische Notwendigkeit eines prinzipiell-systematischen Rechtsdenkens. Diese Kategorie hat, wie ich hoffe, von sich aus eine gewisse Anschaulichkeit und wird im Laufe dieser Darstellung festere Konturen erlangen. In gewisser Beziehung sollte ich sie aber sogleich näher erläutern, und zwar durch Angabe der Gesamttendenz meiner methodischen und systematischen Bemühungen: Sie gehören zu den Bestrebungen in der Rechtswissenschaft, deren Leitziel es ist, das rationale, argumentative Element in der Rechtsfindung (übrigens auch in der Rechtspolitik, wovon aber jetzt nicht näher die Rede sein kann), tunlichst zu verstärken und damit das irrational-volitive Element, das realistischerweise nicht geleugnet werden sollte, auf den Restbereich des Unvermeidlichen zu beschränken. Voranzutreiben ist das Bestreben, gegebene Rechtsfälle und Rechtsfragen durch möglichst wohlbegründete konkrete Regeln zu lösen[1]. Bloße Intuition, freie Wertung oder freies Ermessen, ideologische Gewißheiten, richterliches Vorverständnis oder richterliche Rechtsfortbildung nach ausschließlich sich selbst genügenden Kriterien sollten danach wieder zurücktreten gegenüber der beharrlichen Anstrengung, in nachvollziehbaren Argumentationsschritten aus angegebenen und bestmöglich abgesicherten normativen Prämissen die benötigte Lösungsregel zu erarbeiten oder wenigstens tunlichst vorzubereiten: Das letztere muß genügen, wenn der endgültige Schritt zum Einzelfall innerhalb des erarbeiteten Rahmens eine zusätzliche Wertung erfordert; z. B. die Wertung einer bestimmten Leistungsstörung als „schwere" Vertragsverletzung und damit als wichtigen Grund für die Auflösung eines Dauerschuldverhältnisses. Liegt eine solche zusätzliche Präzisierung als – seine legitimen Grenzen einhaltendes – „Richterrecht"[2] einmal vor, kann und muß sie übrigens in Verbindung mit dem rechtlichen Fundamentalprinzip

---

[1] Ebenso präzis wie realistisch hat *Dölle*, Rechtsdogmatik und Rechtsvergleichung, RabelsZ 34 (1970), 404 die Rechtsdogmatik (also die Jurisprudenz im engeren Sinn) als Bemühung um juristische Erkenntnis bestimmt, die auf rational möglichst nachprüfbare Gewinnung einer Rechtsregel gerichtet ist. Leider ist diese Kennzeichnung der Rechtsdogmatik offenbar weitgehend unbekannt geblieben, während zahlreiche schiefe bis absurde Begriffsbestimmungen in global kritischer Absicht aufgestellt und breit diskutiert wurden, mit denen man als Jurist schlechthin nichts anfangen kann.

[2] Zum eigenen Verständnis des „Richterrechts" (subsidiäre Maßgeblichkeit mit der Notwendigkeit, seine Vertretbarkeit anhand der vorrangigen Teile des Rechtssystems im neuen Kontext oder bei Auftreten neuer Argumente jeweils neu zu überprüfen) *Bydlinski*, Juristische Methodenlehre und Rechtsbegriff[2] (1991), 543 ff sowie in: Hauptpositionen zum Richterrecht, JZ 1985, 149 ff.

des Gerechtigkeitsgleichmaßes auch für künftige Fälle maßgebend sein, die die gewürdigten Sachverhaltsmomente in gleicher Weise enthalten[3]. Fortan stellt sich also rationale Begründbarkeit ein, solange die gefundene Lösungsregel kritischer Nachprüfung auch in einem neuen Kontext standhält. Das Ziel möglichst wohlbegründeter rechtlicher Ergebnisse ist gewiß alles andere als originell, sondern entspricht der besten juristischen Tradition, wohl seit es eine Art Rechtswissenschaft gibt. Unaktuell ist die Einschärfung der Notwendigkeit bewußter und beharrlicher Verfolgung dieses Zieles aber keineswegs; ganz im Gegenteil. Die auf rationale Begründung angelegten Hauptströmungen der Jurisprudenz[4] haben sich auf theoretischer Grundlagenebene in gewisse Schwierigkeiten verwickelt. Diese haben Angriffsflächen für kritische Gegenströmungen[5] geboten, die aus wissenschaftlichen, zunehmend aber auch aus ideologischen, gegen die stabilisierende Rolle von Recht und aufgabengerechter Jurisprudenz gerichteten Gründen vielfach genutzt wurden. Noch dem rationalistischen Naturrechtsdenken[6] der Aufklärung verdanken wir die großen privatrechtlichen Kodifikationen um 1800 und die ersten modernen Verfassungen in den USA und in Frankreich. Alsbald nach diesen großen praktischen Erfolgen scheiterte es aber an seinem theoretischen Anspruch, mit den Mitteln der menschlichen Vernunft notwendig zu allen Zeiten und überall geltende Grundsätze erkennen zu können, bzw. an der daran geübten philosophischen Kritik[7]. Statt bloß diesen Anspruch aufzugeben und sich mit jeden-

---

[3] Mit Recht halten es *Koch-Rüssmann*, Juristische Begründungslehre (1982) 14 ff (und laufend) um der Wiederholbarkeit der einmal vorgenommenen Präzisierung in künftigen gleichartigen Fällen (sogar bei der Anwendung von gesetzlichen Ermessens- oder Prognosebestimmungen) willen für notwendig, jeweils die benötigte Problemlösungsregel als deduktiv anwendbaren Obersatz herauszuarbeiten. Dies muß freilich vorsichtig, insbes. fallproblembezogen („jedenfalls wenn die Merkmale a-n vorliegen, besteht ein wichtiger Auflösungsgrund") erfolgen und unterliegt der Korrektur kraft wohlbegründeter besserer Einsicht, nicht aber beliebigen „Schwenkentscheidungen" *(Fikentscher)*.

[4] Zu ihren aktuellen methodologischen Erscheinungsformen näher *Bydlinski*, Juristische Methodenlehre, 109 ff.

[5] Zu den wichtigsten Beispielen *Bydlinski* aaO, 140 ff.

[6] Dazu umfassend insbes. *Wieacker*, Privatrechtsgeschichte der Neuzeit[2] (1967), 249 ff; *Wesenberg-Wesener*, Neuere deutsche Privatrechtsgeschichte[4] (1985), 139 ff; zu den einschlägigen Wurzeln des österr. Privatrechts *Mayer-Maly*, Die Lebenskraft des ABGB, NotZ 1986, 268.

[7] Vgl. *Kant*, Kritik der reinen Vernunft (Suhrkamp 1976), 52 ff, 274 ff; zu seiner Auseinandersetzung mit der „vorkritischen" Naturrechtslehre etwa *Wieacker* aaO, 351; *Luf*, Freiheit und Gleichheit (1978), 164; *Adamovich*, Über die Struktur der Naturrechtssätze, JBl 1967, 611. Die Meinung mancher Naturrechtslehrer – sie wird insbes. *Christian Wolff*, Jus naturae methodo scientifica petractatum (1740–1749) zugeschrieben; starke Vorbehalte allerdings bei *J. Schröder*, Die privatrechtliche Methodenlehre des Usus modernus, in: *D. Simon*, Akten des 26. Deutschen Rechtshistorikertages (1987), 263 f – eine vollständige Rechtsordnung bis in alle Einzelheiten aus feststehenden naturrechtlichen Prinzipien deduzieren zu können, scheitert offensichtlich schon an ihrer praktischen Undurchführbarkeit.

falls überaus langfristig wirksamen Leitmaximen zu begnügen[8], wurden die vernunftrechtlichen Bemühungen überhaupt aufgegeben.

## 2. Die „verengte" Rationalität des Rechtspositivismus

Seither werden die Bemühungen um möglichst wohlbegründete Rechtsfindung in der Jurisprudenz in verengter Weise verfolgt. Der längst das Rechtsdenken weit über den Kreis seiner deklarierten theoretischen Anhänger hinaus beherrschende Rechtspositivismus[9], heute im wesentlichen in seiner Variante als Gesetzespositivismus, bestimmt das Recht durch einen einfachen und daher relativ verläßlichen „Herkunftstest"[10]: Durchgängig entscheidend soll für den „positiven" Rechtscharakter von Normen ihre Kreation und Durchsetzung durch bestimmte Staatsorgane sein, wobei der Gesetzespositivismus im wesentlichen an die Gesetzgebung (im weiten, materiellen Sinn) denkt, während eine „realistische" Sicht den Akzent auf „positiv" etabliertes Richterrecht legt oder dieses doch einbezieht. Vordergründig wird so in gewissem Sinn rationale Rechtsfindung gefördert: Die durch ihre Herkunft als „Recht" qualifizierten Regeln ermöglichen, wenn man sie als Obersätze verwendet, rationale Argumentation, nämlich – wie immer die genaue Lösung der heute so viel diskutierten rechtslogischen Grundlagenprobleme aussehen mag[11], – deduktive Begründungen durch „Subsumtion" bzw. den „juristischen Syllogismus", wobei die Fakten des Fallsachverhaltes (oder jene einer genereller beschriebenen Fallgruppe) als Untersatz dienen. Wie die „einfachen Fälle" der juristischen Alltagspraxis lehren, wird in den „Begriffskernen" der Normbegriffe häufig tatsächlich mit Erfolg so verfahren. Sprachphilosophisch oder

---

[8] In diesem Sinn besonders *Llompart,* Die Geschichtlichkeit der Rechtsprinzipien (1976), 2 ff, 43 ff, 72 ff, 108 ff, 196; *Summers,* Pragmatischer Instrumentalismus und amerikanische Rechtstheorie (1983), 71; zur unwiderlegten Möglichkeit eines „geschichtlichen Naturrechts" etwa *Arthur Kaufmann,* Theorie der Gerechtigkeit (1984), 25.

[9] Umfassende Übersicht über seine vielfältigen Spielarten bei *W. Ott,* Der Rechtspositivismus[2] (1992); vgl. auch *Lampe,* Grenzen des Rechtspositivismus (1988), ferner die Belege bei *Bydlinski,* Fundamentale Rechtsgrundsätze (1988) 10 sowie in AcP 188 (1988), 482.

[10] *Dworkin,* Bürgerrechte ernstgenommen (1984), 71, 82, 88 f. Diese Sicht steht nicht in Widerspruch zu der Abgrenzung des Rechtspositivismus durch die strikte „Trennungsthese" zwischen Recht und Moral sowie mit der Zwangstheorie, die eine Normenordnung als „Recht" bestimmt, wenn ihre Verhaltensnormen mit organisiertem Zwang durchgesetzt werden. Denn die Abgrenzung des Rechts von der Moral erfolgt im wesentlichen gerade mit Hilfe der Herkunftsprüfung, während es sich bei der begriffswesentlichen zwangsweisen Durchsetzung um jene durch Staatsorgane handelt.

[11] Einige Belege zu den grundsätzlichsten Streitpunkten bei *Bydlinski,* Fundamentale Rechtsgrundsätze 21, Anm. 57.

hermeneutisch hochgezüchtete radikale Bedeutungsskepsis[12], die die Möglichkeit sinnvoller sprachlicher Kommunikation entweder überhaupt oder doch im Zusammenhang mit Normtexten leugnet, kann man daher samt allen für normative Wissenschaften nicht realisierbaren idealen Präzisionsanforderungen praktisch eher vernachlässigen.

Völlig zutreffend ist aber der Einwand gegen den Gesetzespositivismus, daß juristische Begründungen sich nicht in einfachen Deduktionen aus etatistisch vorformulierten Normen erschöpfen können, und zwar schon wegen der vielfachen Vagheiten, Mehrdeutigkeiten, Widersprüche und Lücken, die im positiven Recht zu beobachten sind und die übrigens mit seinem Mengenwachstum überproportional mitwachsen.

Die klassische und zugleich die konsequente Antwort des etatistischen Rechtspositivismus auf diesen durchschlagenden Einwand liegt im Verweis auf das Ermessen des zuständigen Staatsorgans, insbesondere des Richters, das im Rahmen der angedeuteten Unzulänglichkeiten des positiven Rechts entscheiden müsse[13]. Wie schon allein der Blick auf die vielfachen gesetzlichen „Generalklauseln" lehrt, ist dieser Rahmen sehr weit und wenn man es darauf anlegt, auch überaus erweiterungsfähig[14], so daß der – vorgeblich legitime – Bereich bloßer richterlicher Dezision praktisch allein durch diese selbst bestimmt würde.

Tatsächlich besteht aber die Rechtsgewinnung keineswegs bloß aus der Summe der Deduktionen aus eindeutigen positiven Rechtsvorschriften sowie aus der freien Ermessensübung zuständiger Staatsorgane im Einzelfall. Weit darüber hinaus und sogar im Zusammenhang mit „gesetzesüberstei-

---

[12] Ein aktuelles Beispiel bildet *Somek*, Rechtssystem und Republik (1992), den zentralen Einwand dazu bei *Bydlinski*, JBl 1994, 365, Anm. 22.

[13] Vgl. als klassisches Beispiel *Kelsen*, Reine Rechtslehre[2] (1960), 346 ff; als allgemeines Kennzeichen des (konsequenten) Rechtspositivismus wird die überragende und übermäßige Rolle des Ermessens des zuständigen Organs von *Dworkin* aaO, 89 hervorgehoben und bekämpft. (Die gegenwärtigen theoretischen Hauptvertreter des Rechtspositivismus in Österreich benützen allerdings die – rechtsvergleichend sehr zufällige – Existenz der §§ 6 f ABGB, die eine Art gesetzlicher Kodifikation der wichtigsten Methodenregeln enthalten, um die Rolle des freien Ermessens sehr zu reduzieren. Das ist vom pragmatischen Standpunkt aus zu begrüßen, führt aber zu keiner zureichenden Lösung, da einerseits die genannten positivgesetzlichen Bestimmungen als solche bloß das allgemeine Privatrecht betreffen und weil andererseits von den gesetzlich positivierten Methodenregeln mindestens die Analogie (zum Teil) und die Anwendung allgemeiner Rechtsgrundsätze doch wieder abgelehnt werden; so zuletzt neuerlich *R. Walter*, Überlegungen zum Problem der Rechtslücke, Gedenkschrift für *Ringhofer* (1995), 197 ff.

[14] Zu den tatsächlich bestehenden (wenn auch beschränkten) Möglichkeiten methodisch kontrollierter Konkretisierung von Generalklauseln näher *Bydlinski*, Möglichkeiten und Grenzen der Präzisierung aktueller Generalklauseln, in: *Behrends* u. a., Rechtsdogmatik und praktische Vernunft (Symposion zum 80. Geburtstag von *Franz Wieacker*, 1990), 189 ff.

gender" Rechtsfortbildung[15] oder sogar mit „rechtsethischen Durchbrüchen durch das Gesetzesrecht"[16] sind intensive Bemühungen um intersubjektiv tragfähige Begründungen zu beobachten. Die Schwierigkeit liegt aber darin, daß im heutigen, positivistisch geprägten Rechtsverständnis weithin unklar ist, was über die etatistisch-positiven Rechtsvorschriften hinaus als legitime normative Prämissen in Frage kommt.

Dieses Problem wird nicht gelöst, sondern nur verschoben und verdunkelt, wenn man – mit einer heute verbreiteten Übung – in den verschiedensten Zusammenhängen Normen der Verfassung, also der formal höheren Stufe des positiven Rechts ohne besondere Rücksicht auf ihren tatsächlichen Gehalt heranzieht. Als positive Rechtsvorschriften, also mit ihrem autoritativ formulierten Text, sind die (nicht bloß organisatorischen) Verfassungsnormen nämlich in aller Regel so vage, daß sie in ganz besonderem Maße darauf angewiesen sind, mit guten Gründen problembezogen präzisiert zu werden. Die Frage, was, von den positiven Rechtsvorschriften abgesehen, bei der Rechtsfindung solche Gründe sind, stellt sich also auf der Verfassungsstufe unverändert oder sogar verschärft.

Diese Gründe können auch keineswegs in den Ergebnissen empirischer, insbes. sozialwissenschaftlicher Forschungen allein gefunden werden, so wünschenswert möglichst weitgehende Aufklärung der zahlreichen faktischen Prämissen ist, die in juristischen Begründungen mitverwendet werden müssen. Die Unzulänglichkeit bloßer empirischer Faktenaufklärung folgt schon aus der Untauglichkeit des „naturalistischen Fehlschlusses" bloß vom Sein auf das Sollen.

Vom Ziel rational möglichst wohlbegründeter, überprüfbarer Rechtsfindung aus erweist es sich somit als notwendig, über die „positiven Rechtsvorschriften" hinaus weitere normative Prämissen als rechtlich relevant, und das heißt doch wohl bei zweckmäßiger Begriffsbildung: als „Recht", anzuerkennen.

## 3. Rechtsethische Grundsätze als Bestandteil des Rechts

Als solche Prämissen bieten sich die allgemeinen rechtsethischen Prinzipien an, die – mögen sie auch nicht in staatlich erlassenen Vorschriften formuliert sein – inhaltlich unserem staatlichen Recht und den staatlichen Rechten unseres Rechts- und Kulturkreises, in ihrer allgemeinsten Gestalt aber den meistverbreiteten (nicht bloß formal-etatistischen) Vorstellungen von Recht überhaupt zugrunde liegen. Die praktische Notwendigkeit der Ergänzung des etatistisch-positiven Rechts durch weitere, orientierung-

---

[15] *Larenz*, Methodenlehre der Rechtswissenschaft[6] (1991), 413 ff.
[16] *Wieacker*, Zur rechtstheoretischen Präzisierung des § 242 BGB (1956), 36 f.

gebende Prinzipien gerade unter dem praktischen Gesichtspunkt rational bestmöglich begründeter Rechtsgewinnung wird in der heutigen Rechtstheorie als zentrales „Prinzipienargument" oder „methodologisches Argument"[17] der etatistischen Verengung des Rechtsbegriffes zugunsten eines umfassenderen und für die Rechtsfindung ergiebigeren Rechtsbegriffes entgegengehalten.

Von der praktischen Aufgabe der Jurisprudenz her, rational möglichst wohlbegründete Lösungsregeln für Rechtsfälle und Rechtsprobleme zu erarbeiten, erscheint das weitere Rechtsverständnis, das grundlegende rechtsethische Maximen einbezieht, die sich nicht Staatsorganen, sondern spontanen Gegebenheiten und Entwicklungen in den relativ staatsfernen und vor allem in den staatsüberschreitenden Gesellschaften selbst verdanken, als unbedingt vorzugswürdig. Es ermöglicht nämlich, auch dort noch weithin auf intersubjektiv aufweisbare normative Prämissen zurückzugreifen, wo die Begründungseignung des „positiven Rechts" im üblichen etatistischen Sinn unter den erwähnten, weithin unvermeidlichen Mängeln leidet.

Der rechtsethisch angereicherte Rechtsbegriff stellt natürlich Folgeprobleme von großer Schwierigkeit und erheblicher Wichtigkeit. Wie man die relevanten rechtsethischen Prinzipien aus der Vielzahl unterschiedlicher, in größeren oder kleineren Menschengruppen vertretener moralischer Postulate heraushebt und wie man sie mit den positiv-etatistischen Rechtsvorschriften in Verbindung bringt und methodisch bei der Rechtsfindung verwendet, das sind überaus komplexe Themen, die keineswegs in einfachen Antithesen wie Gesetzesbindung hier, Billigkeit, Ermessen, Freirecht oder freie Wertung dort bewältigt werden können.

Zu einigen der damit angedeuteten Themen habe ich in zwei Büchern Positionen entwickelt, die nach meiner Überzeugung rational vertretbar und nach den Erfahrungen, die die Jurisprudenz bei Wahrnehmung ihrer Aufgaben gesammelt hat, vorzugswürdig sind; die daher auch an die rational ausgerichteten Hauptströmungen der Jurisprudenz anschließen können. In der Schrift „Juristische Methodenlehre und Rechtsbegriff"[18] wollte

---

[17] Insbesondere *R. Dreier*, Der Begriff des Rechts, NJW 1986, 890; *ders.*, Rechtsbegriff und Rechtsidee (1986); *ders.*, Neues Naturrecht oder Rechtspositivismus? Rechtstheorie 18 (1987), 386 (dort antikritisch zu *Krawietz*, Neues Naturrecht oder Rechtspositivismus? Rechtstheorie 18 [1987], 209); *P. Koller*, Theorie des Rechts (1992), 29; *R. Alexy*, Begriff und Geltung des Rechts (1992), 117; alle im Anschluß an die grundlegenden Überlegungen bei *Dworkin* aaO, vor allem in Kapitel 2 und 4. Sachlich übereinstimmend unter der Bezeichnung „methodologisches Argument" bereits *Bydlinski*, Juristische Methodenlehre 289. In Fundamentale Rechtsgrundsätze 31 ff wurde darüber hinaus eine ganze Reihe von „Bedarfsargumenten" zugunsten eines Rechtsbegriffs mit rechtsethischen Elementen entwickelt.

[18] Anm. 2.

ich zeigen, daß und wie die überkommene juristische Methodenlehre sehr wohl die rationale Begründungsarbeit der Jurisprudenz fördern kann, und zwar jedenfalls erheblich besser als die oben erwähnten, auf ad-hoc-Wertungen hinauslaufenden und heute vielvertretenen Alternativen. Es ergab sich aber auch, daß die überkommene juristische Methodenlehre zum Zwecke der Begründung und Verbesserung ihrer eigenen Regeln über sich selbst hinaus auf einen Rechtsbegriff und damit auf eine Rechtstheorie weist, die – außer vom positiven staatlichen Recht – auch von den rechtsphilosophisch häufig als „Rechtsidee" zusammengefaßten universalen Rechtsgrundsätzen der Gerechtigkeit, Rechtssicherheit und Zweckmäßigkeit ausgeht. Diese bedürfen natürlich umfassender und differenzierter Analyse und Entfaltung in Richtung auf ihre aktuellen Konkretisierungen.

In der Schrift „Fundamentale Rechtsgrundsätze"[19] ging ich vor allem der Ermittlung und der Konkretisierung dieser leitenden Maximen nach, die auf einer Kombination historisch-empirischer Feststellungen mit rational-kritischer Kontrolle beruhen muß. Sowenig man sich im Zusammenhang der praktischen Jurisprudenz auf erfahrungsfreie und häufig ganz utopisch konstruierte normative Postulate, wie etwa reale Gleichheit der Menschen oder wirtschaftliche Effektivität als „das" normative Leitziel einlassen darf, sowenig genügt es, auf faktisch in einer gegebenen Sozietät zu einen bestimmten Zeitpunkt ganz überwiegend anerkannte Leitziele abzustellen. Andernfalls müßten etwa, je nach der gerade von Politik und Medien erzeugten Atmosphäre, auch rassistische Parolen, Klassenkampfpostulate oder die indiskutable Fassung des Freiheitsprinzips, wonach jedermann tun darf, wozu er gerade Lust hat, während etwaige negative Folgen dieses Verhaltens jedenfalls von der Allgemeinheit übernommen werden müssen, als rechtsethisch gültige Maximen gelten. Rechtsethische Prinzipien, die geeignete Argumente für juristische Begründungen liefern, sind vielmehr nur unter komplexen Voraussetzungen anzuerkennen: Sie müssen verbreiteten, in der Regel weit staatsübergreifenden moralischen Überzeugungen entsprechen, umfassend als inhaltsbestimmende Grundlagen positiven Rechtes wirksam sein und kontrollierender Prüfung von den fundamentalen Grundsätzen der „Rechtsidee" her standhalten.

## 4. Regeln und Prinzipien als unterschiedliche Normentypen

In den „Fundamentalen Rechtsgrundsätzen" war u. a. eine wichtige neuere Diskussion aufzunehmen, die den Unterschied zwischen den Normentypen „Regel" und „Prinzip" mit erheblichen Konsequenzen präzi-

---

[19] Anm. 9.

siert[20]. Danach sprechen Regeln ein unbedingtes Sollen aus: Bei Zutreffen ihrer tatbestandlichen Voraussetzung gelten ihre Rechtsfolgen ohne weiteres. Prinzipien stellen dagegen abstufbar Anforderungen; sie können mehr oder weniger erfüllt werden und sind von vornherein nur auf Erfüllung im Rahmen des Möglichen angelegt, wobei dieser Rahmen auch durch die Existenz anderer gegenläufiger Prinzipien bestimmt wird. Während wirkliche, nicht durch Interpretation behebbare Regelwidersprüche beide kollidierende Regeln unanwendbar machen, führen Prinzipkollisionen bloß zur Notwendigkeit der Abwägung und Grenzziehung. Dabei darf keines der gültigen Prinzipien in seinem intendierten Wirkungsbereich irgendwo ganz verdrängt werden. Vielmehr sind die Prinzipien als Optimierungsgebote[21] zu behandeln, d. h. ihren Anforderungen insgesamt ist größtmögliche Wirksamkeit zu verschaffen: Die Einschränkung eines Prinzips in einem bestimmten Zusammenhang muß durch eine mindestens gleichgewichtige Förderung mindestens eines anderen Prinzips aufgewogen werden.

Haben bestimmte Prinzipkollisionen in einer konkreten rechtlichen Regelung für bestimmte Sachverhaltstypen ihren abgrenzenden Ausgleich gefunden, so sind Kollisionen in nicht unmittelbar geregelten Sachverhaltskonstellationen, die aber entsprechende Interessenkonflikte enthalten, analog zu behandeln. Stärkere Sachverhaltsunterschiede, die ein weitergehendes oder geringeres Betroffensein der fraglichen Prinzipien erkennen lassen, als es im gesetzlichen Regelungsbereich zugrunde gelegt ist, müssen auch zu entsprechenden Verschiebungen der Rechtsfolgen führen. Wirken mehrere Prinzipien in dieselbe Richtung, so sind die dadurch gestützten normativen Wirkungen um so mehr oder (wenn sie quantitativ abstufbar sind) um so weitergehend begründet.

Die Lehre von den Prinzipien und ihrer Anwendung läßt sich als eine hinsichtlich der genaueren Normbeschaffenheit weitergeführte Variation des beweglichen Systemdenkens von *Walter Wilburg*[22] verstehen. Hin-

---

[20] 115 ff mit vielen Belegen aus der einschlägigen Diskussion (u. a. der grundlegenden Stellungnahmen von *Dworkin* und *Alexy*). Seither etwa *Weinberger*, Norm und Institution (1988), 198; *Penski*, Rechtsgrundsätze und Rechtsregeln, JZ 1988, 105 ff; *W. Enderlein*, Abwägung in Recht und Moral (1992), 80 ff; *Eckhoff-Sundby*, Rechtssysteme (1988), 90 ff („Richtlinien"); *Stelzer*, Das Wesensgehaltsargument und der Grundsatz der Verhältnismäßigkeit (1991), 213 ff; *P. Koller* aaO, 89.

[21] *Alexy*, Theorie der Grundrechte (1985), insb. zum „Abwägungsgesetz" 141, zur herzustellenden „bedingten Vorrangrelation" 81; zum – gern verwendeten – Beispiel des „Lebach-Urteils" des deutschen BVerfG etwa *P. Koller* aaO, 90.

[22] Am gesamten Schadenersatzrecht exemplifiziert bereits in: Elemente des Schadensrechts (1941); theoretisch allgemeiner in: Entwicklung eines beweglichen Systems im Bürgerlichen Recht (1950); vgl. auch die 19 Beiträge im Sammelband zum *Wilburg*-Symposion bei *Bydlinski-Krejci-Schilcher-Steininger*, Das Bewegliche System im geltenden und künftigen Recht (1986). Zur formalen Handhabung insbes. *G. Otte*, Komparative Sätze im Recht. Zur Logik eines beweglichen Systems. Jahrbuch für Rechtssoziologie und Rechtstheorie II (1972), 301 ff.

sichtlich der Erfassung ganzer Rechtsmaterien von einer pluralistischen Schicht von Prinzipien („Elementen") her und hinsichtlich der Konsequenzen für die Rechtsanwendung, insbesondere für die Abstufbarkeit von Rechtsfolgen, war die Lehre *Wilburgs* bereits voll entwickelt.

## 5. Diffuses aktuelles Interesse am Rechtssystem

In einer neuen und noch unveröffentlichten, aber bereits zur Publikation gegebenen umfangreichen Schrift über „System und Prinzipien des Privatrechts" versuche ich nun, aus dem Ziel rationaler Rechtsfindung einige weiterführende Konsequenzen für die Systemprobleme der Jurisprudenz zu ziehen und zugleich das genannte Ziel durch adäquate Bemühungen um das Rechtssystem zu fördern. Umfassendere Überlegungen über das Rechtssystem und seine etwaige praktische Bedeutung für die Aufgaben der Jurisprudenz sind in den letzten Jahrzehnten offenbar eher in den Hintergrund getreten. Systematisches Interesse zeigt sich eher noch in punktueller und zufälliger Weise, nämlich darin, daß ohne besondere Reflexion über empfehlenswerte Systematisierungskriterien da oder dort neue Systemteile, wie etwa Wirtschaftsrecht, Verbraucherrecht, Bankrecht, Baurecht, Arztrecht, Autorecht, Sportrecht etc. postuliert werden, deren Verhältnis zu den überkommenen Systemmaterien und deren eigene Abgrenzung trotz teilweise umfangreicher Diskussion und zahlreicher Bestimmungsversuche ungeklärt bleiben. Oft erfolgen solche Systematisierungen einfach im Hinblick auf deutlich partikuläre Informationsbedürfnisse. Zusammengestellt werden dann die für bestimmte Lebensbereiche, etwa für das Bank- oder Bauwesen, als wesentlich empfundenen Regelungen, Rechtsprobleme und deren Lösungsansätze, ohne daß deren gleichzeitige Zugehörigkeit zu den spezifisch rechtswissenschaftlich entwickelten Systemteilen, z. B. zum Schuld- oder zum Handelsrecht, in Frage gestellt wird und ohne daß deshalb auf die Abgrenzung besonderes Gewicht gelegt würde. Wie weit z. B. im Bank- oder Baurecht auf allgemeine Fragen des Vertragsschlusses, der Vertragsgültigkeit oder der Leistungsstörungen eingegangen wird, die sich natürlich, wie überall, auch in den bezeichnenden Lebensbereichen stellen können, ist Geschmacksfrage; von statistisch für den fraglichen Bereich etwa besonders typischen Konstellationen abgesehen.

Andere der neu vorgeschlagenen Systemkategorien haben eher den Charakter eines rechtspolitischen Aufrufes, der auf Änderungsanliegen hinweisen will, die als besonders wichtig betrachtet werden. Das gilt etwa für das „Verbraucherrecht", in gewissem Sinn auch für das „Wirtschaftsrecht". Da jeder Mensch wenigstens in einer seiner ökonomischen Rollen „Verbraucher" ist, ist die mangelnde Eignung des Verbraucherbegriffs zur Abgrenzung eines speziellen Systemteils leicht erkennbar. Die einschlägigen Änderungspostulate dürften, soweit sie legitim sind, also schon deshalb keinen

systematischen Spezialbereich umschreiben, sondern breite allgemeine
Rechtsmaterien betreffen.

## 6. Die spezifisch rechtswissenschaftliche Systembildung

Zu kurz kommen bei rein pragmatischen wie bei rein rechtspolitisch
motivierten Neusystematisierungen die spezifisch rechtswissenschaftliche
Systembildung, von der nur noch selten die Rede ist[23], und damit ihre Kriterien und Aufgaben. Langjährige auf die praktische Jurisprudenz ausge-
richtete methodische und rechtstheoretische Arbeiten haben mich davon
überzeugt, daß dies vom Ziel rational möglichst wohlbegründeter Rechtsgewinnung her ein großer Mangel ist. Deren Möglichkeiten sind nämlich
weithin davon abhängig, daß der Rechtsstoff schon vorweg, d. h. vor Auftreten oder Aktualisierung des gerade zu beurteilenden Rechtsproblems,
möglichst anwendungsgeeignet dar- und damit zur Vorbereitung der
jeweils benötigten Problemlösungen bereitgestellt ist. Auch die spezifische
Systematisierungsarbeit der Jurisprudenz muß also auf ihre ganz zentrale
Aufgabe der Rechtsgewinnung ausgerichtet sein. Das ist die Grundthese,
die ich samt einigen Konsequenzen anhand der folgenden Überlegungen
plausibel machen möchte.

Die Umkehrung der These ergibt auch, daß methodisch-rationale
Rechtsfindung unter Verwendung „des Systems", genauer bestimmter
systematischer Zusammenhänge erfolgen muß. In den Darstellungen in der
juristischen Methodenlehre ist davon in der Tat mindestens unter dem
Titel „systematische Auslegung" die Rede[24], wobei der Akzent einmal mehr

---

[23] Vgl. aber *Rittner*, Wirtschaftsrecht² (1987), 12.

[24] Weit umfassender verlangt für die Jurisprudenz mit Recht *Pawlowski*, Methodenlehre für Juristen² (1991), 79 ff „systematische Arbeit" als überall notwendige Voraussetzung für dem Gerechtigkeitsgleichmaß genügende Ergebnisse. Treffend ist auch, daß das
juristische System auch die notwendigen Begründungen enthalten muß (85). Nicht zu folgen ist aber der Meinung, daß allgemeine Rechtsgedanken, allgemeine Prinzipien oder
Werte ungeeignet seien, weil sie ein zeitloses, unveränderliches System mit sich brächten
(82 f), sowie allen daran geknüpften Folgerungen. Dabei wird nämlich die größere zeitliche Stabilität, die den Prinzipienschichten einer Rechtsmaterie im Verhältnis zu den Ein-
zelregeln in der Tat zukommt (*Pawlowski* 21 spricht von der zeitlichen Stabilität des „Ge-
samtsystems"), mit zeitloser Unveränderlichkeit verwechselt. Dafür gibt es keinen Anlaß. Die Änderung von rechtlichen Wertprinzipien hängt von denselben Faktoren ab wie
ihre Entstehung: Geht es um Rechtsprinzipien, die etatistisch-positiv etabliert wurden,
entscheidet der geänderte Wille zuständiger Staatsorgane. Verdanken sich allgemeine
Rechtsprinzipien „spontanen" Entwicklungen in der – nicht auf bestimmte Staaten beschränkten – Rechts- und Kulturgemeinschaft selbst, können sie nicht durch Beschluß
„abgeschafft", aber durch die Entwicklung der (ganz überwiegenden Wertvorstellungen
in der) Sozietät selbst abgewandelt oder aufgehoben werden. Soweit es um die universalsten Rechtswerte geht, die anthropologisch verankerten allgemeinen Wertungsdispo-
sitionen entsprechen, (wie vor allem der für *Pawlowski* mit Recht ganz zentrale und

beim expliziten Inhalt für die Auslegung einer Norm systematisch auf-
schlußreicher anderer Regelungen liegt (systematisch-logische Interpretation)[25], dann wieder bei den Grundwertungen oder Zwecken der letzteren
in Verbindung mit dem Gerechtigkeitspostulat der Gleichbehandlung des
Gleichartigen (teleologisch-systematische Interpretation)[26]. Der letztere
Ansatz schließt die komplexe Variante ein, daß bei Lösung schwierigerer
Fragen der Auslegung und erst recht der ergänzenden Rechtsfortbildung
sorgfältig die verschiedenen Wertprinzipien der betreffenden Rechtsinstitute und Rechtsmaterien beachtet werden müssen, und zwar mit dem Ziel,
die Lösungsregel für das jeweilige konkrete Problem zu finden, die den einschlägigen Prinzipien am besten entspricht, diese also in ihrer Gesamtheit
am besten verwirklicht und am wenigsten verletzt[27]. Insgesamt ist das
jeweilige Problem zunächst in das bereits vorliegende normative System,
sowenig perfekt dieses sein mag, einzuordnen. Dessen einschlägige Elemente sind sodann problembezogen soweit wie methodisch eben möglich
zu präzisieren, also zur begründeten Lösungsregel weiterzuführen, die man
braucht.

---

offenbar durchaus stabile Gleichmaßgedanke) mag biologische Evolution als Veränder-
ungsfaktor in Betracht kommen. Von Unveränderlichkeit der Rechtsprinzipien kann
also im allgemeinen keine Rede sein und braucht selbst auf der universalsten und funda-
mentalsten Stufe keine zu sein. Über das Gesagte hinaus sind Bemühungen um
„zeitliche Konsistenz der Vorentscheidungen" schwerlich praktisch sinnvoll; jedenfalls
wenn jede faktisch-positive Änderung der Normenlage (unter dem Gesichtspunkt der
„geänderten Verhältnisse") selbst ohnehin zugleich als zureichende Begründung für diese
Änderung betrachtet wird. Uneinsichtig ist auch, wieso Prinzipien weniger begründungs-
tauglich sein sollten als bloße „Argumente aus dem Fall selbst" (96). Stricto sensu ist es
gar nicht möglich, „im Fall selbst" Kriterien und damit Argumente für dessen Beurteilung zu finden. Selbst bei ausdrücklichen gesetzlichen Billigkeitsklauseln kann nur die
Heranziehung aller inhaltlich überhaupt passenden rechtlichen und sozialethischen (also
jedenfalls fallexternen!) Maßstäbe in fallbezogener Gesamtwürdigung durch den (jedenfalls fallexternen!) Beurteiler gemeint sein. Dazu *Bydlinski*, Allgemeines Gesetz und Ein-
zelfallgerechtigkeit, in: *Starck* (Hrsg.), Die Allgemeinheit des Gesetzes (1987), 64 ff. An
späterer Stelle (116) wird denn auch bei *Pawlowski* ein Gesamtsystem aus allgemeinen
Rechtsgedanken, Grundsätzen oder Werten als notwendig betrachtet, allerdings (117) als
„äußeres System" (?). Verkannt wird wohl auch, daß weiterbestehende Prinzipien unter
geänderten tatsächlichen Verhältnissen Änderungen der konkreten Regelschicht sogar
schlüssig fordern oder doch nahelegen können. Auch dies widerlegt die Meinung, das
System werde durch Prinzipien unveränderlich.

[25] Vgl. *Bydlinski*, Juristische Methodenlehre 442 (m. w. A.).

[26] Vgl. *Bydlinski* aaO, 453 (m. w. A.). In der Tendenz zutreffend handelt insgesamt
von der „systematischen" Auslegung in einer neueren Schrift auch *Raisch*, Vom Nutzen
der überkommenen Auslegungskanones für die praktische Rechtsanwendung (1988).

[27] Zur Lösung schwieriger Rechtsfälle nicht nach „Ermessen", sondern auf Grund der
„besten Rechtstheorie", die man entwickeln kann, *Dworkin* aaO, 122, 454, 543; 130 ist
von der „Bilanz der Argumente" die Rede.

### 7. Ihre praktische Bedeutung am Beispiel: weitere Milderung der Arbeitnehmerhaftung

Ich darf das eben Gesagte an einem Beispiel veranschaulichen. Aufgrund einer umfassenden fachlichen Diskussion hat der Große Senat des BAG kürzlich bei der Milderung der Arbeitnehmerhaftung die Voraussetzung der „Schadensgeneigtheit" bzw. „Gefahrengeneigtheit" der betreffenden Arbeit dem Grund nach aufgegeben[28]. Die Begründung dafür war umfassend und differenziert, aber, wie ich meine, in mehrfacher Beziehung nicht durchsichtig und schlüssig genug. Das beruhte vor allem auf einer mindestens doppeldeutigen Verwendung des allgemeinen Risikobegriffs; darauf, daß ohne zureichende Erklärung mit einer Gegenüberstellung von Betriebs- und unternehmerischem Organisationsrisiko gearbeitet wird; auf der Nichtbeachtung der (mindestens) engen Verwandtschaft zwischen „Risiko" und „Gefahr" in den Begriffen des Betriebs- oder Organisationsrisikos einerseits und der gefahrengeneigten Arbeit anderseits sowie schließlich auf umfangreichen, aber nicht weiterführenden, weil nicht problemspezifischen verfassungsrechtlichen Ausführungen.

Das Ergebnis der Entscheidung und auch die eigentlich tragenden, teilweise etwas versteckten Elemente der Begründung lassen sich aber bestätigen, wenn man sich vergegenwärtigt, daß es sich um ein zugleich schadenersatzrechtliches und arbeitsrechtliches Problem handelt und daß man damit letztlich auf die leitenden Prinzipien dieser beiden Rechtsgebiete verwiesen ist. Aus dem Schadenersatzrecht sind das Haftungsprinzip des Verschuldens einerseits, das aus § 254 BGB und manchen Gefährdungshaftungsnormen längst durch Verallgemeinerung des Mitverschuldens entwickelte Mitverantwortungsprinzip anderseits einschlägig. Das letztere wird hier durch die arbeitsrechtlichen Prinzipien des Betriebsrisikos (im weiteren, das Organisationsrisiko einschließenden Sinn) sowie der arbeitgeberischen Fürsorge (mit allen persönlichkeitsschützenden Implikationen) konkretisiert und verstärkt.

Bei systematischem Streben nach optimierender Beachtung aller dieser Prinzipien erweist sich die Streichung der Schadens- oder Gefahrengeneigtheit als notwendiger Voraussetzung der arbeitsrechtlichen Haftungsmilderung in der Tat als besser begründbar, als dies die Aufrechterhaltung dieses Milderungsmerkmales wäre. Denn jedenfalls dem Fürsorgegedanken wird dadurch wesentlich weitergehend als bei Abhängigkeit jeder Haftungsmilderung von einem als „Risiko" oder „Gefahr" qualifizierten Grad der Schadenswahrscheinlichkeit entsprochen, so daß die (geringfügige und

---

[28] SAE 1994, 89 ff (mit zahlreichen Belegen aus der vorausgehenden Diskussion) und mit Anmerkung von *Bydlinski*, in der die folgenden kritischen Bemerkungen näher ausgeführt und die tragenden Gründe ausführlich rekonstruiert sind.

konsequentere) Einschränkung des Verschuldensprinzips, die damit verbunden ist, demgegenüber zurücktritt.

Die breiten verfassungsrechtlichen Ausführungen des Großen Senats des BAG insbesondere zu Art. 12 in Verbindung mit Art. 2 Abs. 1 GG setzen dagegen bei zu unspezifischen Prinzipien zu hoher Abstraktionsstufe an und vermögen – wie häufig solche verfassungsrechtlichen Exkurse – die Lösung des konkreten Problems inhaltlich kaum zu fördern, zumal diese Verbürgungen jedermann und daher Arbeitgeber und Arbeitnehmer gleichmäßig zugute kommen. Der formal-stufentheoretisch höhere Rang der Verfassung im positiven Recht vermag daran nichts zu ändern. Diese Beurteilung stimmt mit der Meinung des VI. Zivilsenats des BGH überein, der (am 21. 9. 1993) beschlossen hat, sich im Ergebnis der Rechtsauffassung des Großen Senats des BAG anzuschließen, was ein Verfahren vor dem Gemeinsamen Senat der Obersten Gerichtshöfe des Bundes erspart hat. Der BGH hat aber dabei deutliche Vorbehalte zum verfassungsrechtlichen Teil der Begründung (in B III) des Großen Senats des BAG zum Ausdruck gebracht[28a].

Das besprochene Beispiel habe ich unter anderem deshalb gewählt, weil ich mich dazu bereits mit näheren Ausführungen geäußert habe, so daß ich mich hier nicht bloß aus Knappheitsgründen mit den gemachten Andeutungen begnügen muß, sondern auch begnügen kann[28b].

## 8. Was gehört zum „System"?

Ein Aspekt ist weiter zu verfolgen: Selbst wenn jemand das besprochene Beispiel für eine notwendige und rational-methodisch kontrollierte Prinzipienabwägung als solches akzeptiert, kann er immer noch fragen, was das Exempel denn mit *systematischer* Rechtsfindung zu tun habe. Viele werden geneigt sein, in diesem Sinn kritisch hervorzuheben, daß es sich gerade um eine „weitere richterliche Rechtsfortbildung"[29] einer Rechtslage handelte,

---

[28a] Vgl. soeben ausführlich *Diederichsen*, Das Rangverhältnis zwischen den Grundrechten und dem Privatrecht, in: *Starck* (Hrsg.), Rangordnung der Gesetze (1995), 39 ff (insbes. 50 f, 54, 70 f, 81) mit guten Gründen für eine deutliche Restriktion der Verfassungsverwendung im Privatrecht. Dafür spricht in der Tat besonders, daß der formal höhere Rang der Verfassung bei rechtsinhaltlichen Fragen häufig gar keine Rolle spielt.

[28b] Auch die übrigen Selbstzitate erklären sich als Verweis auf nähere Ausführungen (und Belege) aus der Notwendigkeit, eine ganze Reihe komplexer Probleme hier in Kurzform anzusprechen.

[29] Das hebt auch der Große Senat des BAG selbst hervor. Seine Legitimation dafür begründet er allerdings ganz fiktiv, nämlich mit Anpassung „an die tatsächlichen betrieblichen Gegebenheiten". Wie deren relevante Veränderung beschaffen sein soll, erfährt man freilich nicht einmal andeutungsweise. In Wahrheit hängt die methodische Legitimität der veränderten Beurteilung davon ab, daß eine neue kritische Überprüfung im

die sich schon hinsichtlich der bisher gehandhabten Milderung der Arbeitnehmerhaftung richterlicher Rechtsfortbildung verdankt. Das sei doch,
mag man hinzufügen, geradezu das Gegenteil einer Rechtsfindung „aus
dem System".

Ein solcher Einwand drängt sich von sehr verbreiteten Vorstellungen
über Rechtsgewinnungsmethoden und System her wohl geradezu auf.
Allerdings sind diese Vorstellungen nach meiner Überzeugung eher verbreitet als vertieft; ja, deutlich gesagt, unangemessen oberflächlich. Um die
intuitive Sicherheit einschlägiger Kritik vorweg ein wenig zu erschüttern,
möchte ich zunächst einfach daran erinnern, daß die vorher verwendeten
Argumente durchwegs auf leitende Prinzipien der beteiligten Systemteile,
nämlich des Schadenersatz- und des Arbeitsrechts, zurückgehen, also doch
wohl nicht a priori als systemfremd betrachtet werden können; es sei denn,
daß man die leitenden Prinzipien einer Rechtsmaterie nicht zu dieser
Materie und nicht zum Rechtssystem zählt!

In der Sache befinden wir uns damit bereits an einem sehr zentralen
Punkt, der nähere Betrachtung verdient. Die soeben als Einwand vorweg-
genommene schlichte Gegenüberstellung von Rechtsfindung „aus dem
System" und ganz anders gearteter sonstiger, etwa als „richterliche Rechtsfortbildung" ablaufender Rechtsgewinnung muß ja die Frage provozieren,
woraus das dabei gemeinte „System" eigentlich besteht. Was macht genauer
den „Rechtsstoff" aus, der im System möglichst übersichtlich gegliedert
dargeboten werden soll? Diese Frage wird in aller Regel gar nicht oder doch
nicht mit praktischer Zielrichtung (sondern etwa danach, ob die rechtlichen
Regeln als solche oder ob vielmehr rechtswissenschaftliche Aussagen darüber erfaßt werden sollen) gestellt. Unterscheidet man aber scharf zwischen
Rechtsfindung „aus dem System" und außersystematischen Rechtsfin-
dungsvorgängen, wird immerhin deutlich, daß das „System" dabei offenbar sehr eng, ungefähr wohl als Gesamtheit aller formal durch Staatsorgane
„positivierten" Rechtsvorschriften, verstanden wird. Die Rechtsgewinnung
„aus dem System" muß dann auf die Ableitung aus vorformulierten „positiven" Normen beschränkt sein.

So scheint vor allem die Zweispurigkeit von „Systemdenken" und „Pro-
blemdenken" in der seinerzeit viel diskutierten Lehre von der „Topik"[30] ge-

---

gegenwärtigen Kontext ergibt, daß eine andere als die bisherige Regel besser aus der – dem
Richterrecht vorrangigen – Rechtsordnung begründbar ist; und zwar gleichgültig, ob dies
auf einer relevanten Veränderung (des tatsächlichen oder rechtlichen Kontextes) oder auf
der Erkenntnis einer ursprünglichen Unzulänglichkeit der früheren Begründung beruht;
vgl. dazu die Anm. in SAE sowie die Belege oben in Anm. 2.

[30] Grundlegend *Viehweg*, Topik und Jurisprudenz[5] (1974) mit Hervorhebung der
(zwar nicht unbedeutenden, aber doch) nicht primären Rolle der „Ableitung" 91 und 94;
weiter etwa *Stuck*, Topische Jurisprudenz (1971); nähere Darstellung und Kritik (mit weiteren Belegen) bei *Bydlinski*, Juristische Methodenlehre 141 ff.

meint zu sein. Das erstere wird offenbar auf einen relativ engen Bereich einfacher Fälle beschränkt. Im Verhältnis zu den schwierigeren Problemlagen soll sich die Jurisprudenz dagegen „topisch" verhalten, d. h. auf vom System unabhängige, in der jeweiligen Diskussion zum Problem ad hoc bewährte Gesichtspunkte (Topoi) zurückgreifen, die, wenn sie entsprechend gesichert sind, in „Topoi-Katalogen" gesammelt und bereitgehalten werden können.

Die Topik, vor einiger Zeit eine aufsehenerregende und viel besprochene Theorie, scheint heute ein wenig in Vergessenheit geraten zu sein. Doch prägt sie, und prägen ähnliche Zweispurigkeitslehren[31] die offenbar immer noch verbreiteten Vorstellungen von scharf zu trennenden Vorgängen in der Rechtsfindung. Verdient haben die Topik (und die übrigen Zweiteilungslehren) solchen langfristigen und bei vielen heute vermutlich unbewußten Erfolg nicht. Denn die Topik – die hier wegen ihrer bewußten Wendung gegen „das System" von besonderem Interesse ist und daher als Beispiel dient – hat weder klargemacht, was sie sich unter dem „System" genauer vorstellt und woraus sich dieses zusammensetzt (die diesbezüglichen Bemerkungen oben sind bloß eine, allerdings wahrscheinliche, Interpretation) noch, warum nicht wenigstens als rechtliche Prämissen anerkannte und immer wieder angerufene „Topoi" in „das System" einbezogen werden können und müssen. Ohne weiteres ersichtlich ist jedoch, daß die geringe oder große Bedeutung „des Systems" für die Rechtsfindung genau von diesen Klärungen abhängt. Wenn man etwa die bei der Arbeitnehmerhaftung verwendeten Richtlinien als systemunabhängige Topoi oder als systemübersteigendes Richterrecht ansieht, haben wir ein bestätigendes Beispiel für die Zweispurigkeit vor uns. Versteht man sie dagegen, wie dies hier geschehen ist, als leitende Grundsätze der beteiligten Systemteile Arbeitsrecht und Schadenersatzrecht, so bilden sie umgekehrt einen eindrucksvollen Beleg für prinzipiell-systematische Rechtsfindung. Entscheidend ist offenbar, ob „das Rechtssystem" nur von Gesetzgebungsautoritäten formulierte generelle Regeln oder auch andere Elemente umfaßt; z. B. die erkennbaren und erkannten Prinzipien eines Systemteils, auch wenn sie „ungeschrieben" sind. Es ist erstaunlich, daß sich angesehene und einflußreiche Lehren über Rechtsfindung „aus dem System" und andersartige Rechtsfindung geäußert haben, ohne sich überhaupt der Frage nach dem systematisch erfaßten oder zu erfassenden Rechtsstoff zu stellen.

## 9. Systemvorstellungen klassischer Privatrechtstheorie

Bei Rechtstheorien, die von vornherein in Antithese zum „Systemdenken" entwickelt wurden, mag das in gewissem Sinn verständlich sein. Suchen wir also Aufschluß über den systematisch zu erfassenden Rechts-

---

[31] Vgl. *Bydlinski* aaO.

stoff und gleich auch über die Kriterien der Systembildung bei der letzten
großen und einflußreichen Hauptströmung des Rechtsdenkens, die durch
intensives systematisches Streben gekennzeichnet war und dieses Streben
auch für praktische Zwecke der Rechtsgewinnung nutzbar machen wollte.
Das ist die klassische Privatrechtsjurisprudenz des 19. Jahrhunderts, also
die historische Rechtsschule samt ihrer späteren Variation, der Begriffsjurisprudenz. Sie hat zunächst die „äußere" Systematisierung des Privatrechts, also die Darbietung seines Stoffes in einer bestimmten Abfolge,
wesentlich vorangetrieben, indem sie das vornehmlich von *Heise* entwickelte *Pandektensystem*[32] aufnahm und zur vollen Durchführung und
Anerkennung brachte. Die fünf oder (mit dem besonderen Schuldrecht)
sechs Teile dieses Systems sind freilich an sich nicht neu: Sie waren in etwas
anderem Sinn schon dem „Institutionensystem"[33] geläufig. Mit Recht
wurde hervorgehoben, daß bisher an großen Systementwürfen für das Privatrecht nur das Institutionensystem des *Gaius* mit seiner Dreiteilung per-
sonae, res, actiones und eben das Pandektensystem zu verzeichnen sind.
Dessen Materien beruhen aber auf Verselbständigung bereits im Institutionensystem enthaltener Unterabschnitte. So wurde das Familienrecht aus
seiner Verbindung mit dem sonstigen Personenrecht gelöst; aus dem
Sachenrecht im weiten Sinn, das auch Schuldrecht und Erbrecht umfaßte,
wurden diese Materien herausgesondert. Der Vergleich des BGB mit dem
ABGB, das sich heute noch als Nachfolger des Institutionensystems präsentiert und bloß den letzten Abschnitt in „gemeinsame Bestimmungen der
Personen- und Sachenrechte" modifiziert hat, zeigt gut die beschränkte,
wenn auch gewiß bedeutsame Tragweite des Systemwechsels.

Der große eigene Beitrag der Jurisprudenz des 19. Jahrhunderts zum
System scheint, ungeachtet gewisser Vorläufer, die analytisch-rationale Leistung der Herausbildung des allgemeinen Teils durch das „Vor-die-Klam-
mer-Ziehen" der abstrakteren und daher allgemein regelbaren Fragen zu
sein. Von einem rationalen Standpunkt aus ist es bedrückend zu sehen, mit
wie bescheidenen Allerweltsargumenten, wie Unanschaulichkeit und Ab-
straktheit, diese Leistung in ideologisch aufgeheizten Zeiten bekämpft werden konnte[34], und zwar in der Nazizeit und am Höhepunkt progressiver

---

[32] *Heise,* Grundriß eines Systems des gemeinen Zivilrechts³ (1819). Im Vorwort IX
wird übrigens auf ältere Vorbilder hingewiesen. Vgl. weiter *A. B. Schwarz,* Zur Entstehung des modernen Pandektensystems, in: Rechtsgeschichte und Gegenwart (gesam-
melte Schriften 1960), 1 ff.

[33] Zu diesem *Stein,* The Fate of the Institutional System, Huldigungsbundel *van War-
melo* (1984), 218 ff; *Mayer-Maly,* Rechtswissenschaft² (1981), 142.

[34] Vgl. nur *Hedemann,* Das Volksgesetzbuch der Deutschen (1941), 29; *Göring,* in:
Zivilrecht I (1981), 48 f; ohne ideologischen Hintergrund ähnlich *Homann,* Die Verwen-
dung allgemeiner Teile oder allgemeiner Vorschriften in der neueren Gesetzgebung, in:
*Rödig* (Hrsg.), Theorie der Gesetzgebung (1976), 328 ff.

Reformeuphorie in ganz ähnlicher Weise. Eindrucksvoll sind solche Angriffe freilich nur, solange man die real verfügbaren Alternativen schlicht ignoriert. Diese bestehen, wie kein geringerer als *Heck*[35] längst unwiderlegt und unwiderleglich nachgewiesen hat, in der immer wiederholten Regelung auch aller allgemein auftretenden Fragen in allen besonderen Zusammenhängen oder in der Etablierung umfassender Verweisungen und Verweisungsketten. (Einwände und Widerlegung müssen konsequenterweise auch für die nächsten Abstraktionsstufen, also insbesondere für das allgemeine Schuldrecht gelten.) Nach der ersten Variante müßten daher z. B. alle Voraussetzungen eines Rechtsgeschäftes, die Ungültigkeitsgründe, die Regeln über den Vertragsschluß und jene über Erfüllung und Leistungsstörungen (und noch vieles andere) für jeden einzelnen gesetzlichen Vertragstyp und für alle neu gesetzlich zu erfassenden Vertragstypen immer wieder, und gewiß alsbald bei gleichartigen Fragen mit zufällig-willkürlichen Unterschieden geregelt werden. Das Ergebnis ließe die bisherige, vielbeklagte Gesetzesflut harmlos erscheinen.

Auch die zweite Variante, der ständige vorrangige Einsatz von gesetzlichen Verweisungen etwa auf einen vollständig geregelten Vertragstyp in allen anderen spezielleren Zusammenhängen, deren Ergebnisse dann jeweils ad hoc kombiniert werden müßten, liefert, wenn man sich dies im einzelnen ausmalt, geradezu ein Schreckbild an Unübersichtlichkeit. Die Hoffnung, auf eine dieser Weisen die Anschaulichkeit des Privatrechts und seine Verständlichkeit für den Laien und Anfänger zu verbessern, ist unüberbietbar irreal[36]. Vollends abwegig ist selbstverständlich die Meinung[37], die Herausbildung des „allgemeinen Teils" beruhe auf einem fundamentalen logischen Fehler.

Dem Verfahren des „Vor-die-Klammer-Ziehens" durch logische Abstraktion entstammen allerdings nur die „allgemeinen Lehren" und das allgemeine Schuldrecht in seiner Abhebung vom besonderen. Hinsichtlich der

---

[35] Der allgemeine Teil des Privatrechts. Ein Wort der Verteidigung, AcP 146 (1941), 1 ff.

[36] Nichts von dem Gesagten bestreitet die Praktikabilität auch der Gesetzestechnik, die Regeln über Rechtsgeschäfte überhaupt in das Vertragsinstitut zu integrieren und für die sonstigen Rechtsgeschäft darauf zu verweisen, wie das ABGB verfährt. Doch hat sich auch für das österr. Privatrecht die Verselbständigung des allgemeinen Teils in den wissenschaftlichen systematischen Darstellungen längst als zweckmäßig erwiesen; vgl. insbesondere die Systeme, Lehrbücher und Grundrisse von *Unger, Ehrenzweig, K. Wolff, Geschnitzer* und *Koziol-Welser. Mayer-Maly* hat eine eigene „Einführung in die allgemeinen Lehren des österr. Privatrechts" (1984) publiziert. Zur Lage in der Schweiz etwa *E. Bucher,* Schweizerisches Obligationenrecht, Allgemeiner Teil (1979), 65; *Merz,* Schweizerisches Privatrecht VII/1 (1984), 36 ff; *Gmür,* Das schweizerische Zivilgesetzbuch verglichen mit dem deutschen bürgerlichen Gesetzbuch (1965), 52 f.

[37] So *Lipp,* Die Bedeutung des Naturrechts für die Ausbildung der allgemeinen Lehren des deutschen Privatrechts (1980), 52 f, 59 ff, 108 f.

übrigen Systemteile des Pandektensystems kann dagegen von einem systembildenden Prinzip logischer Gliederung keine Rede sein. Ganz im Gegenteil wurde diesem System mit gutem Grund eine logisch kaum nachvollziehbare „Kreuzeinteilung"[38] bescheinigt. Von den genannten, beschränkten Auswirkungen abstrahierenden Denkens abgesehen, beruht das Pandektensystem ja zunächst auf der Gegenüberstellung des „Vermögensrechts"[39], das lediglich vom Prinzip gleicher Willensfreiheit beherrscht sei, und des Familien- und Erbrechts, bei denen an eigenständige Lebensgebiete angeknüpft wird, die von besonderen ethischen Maximen abhängig seien. Diese wurden gar nicht näher angegeben, könnten aber heute als Prinzipien einer „Nahbereichsmoral" gekennzeichnet werden, die in der Tat das Familienrecht zum ersten und wichtigsten „Sozialrecht" im Sinne deutlicher Ungleichverteilung der Rechte zugunsten der Schwächeren und Schutzbedürftigen, nämlich der Kinder, gemacht haben.

Im Vermögensrecht wurde eine Untergliederung dadurch möglich, daß das Prinzip gleicher Willensfreiheit mit Hilfe des „subjektiven Rechts" zur rechtlich gesicherten Willensherrschaft weiterentwickelt (oder uminterpretiert) wurde, so daß man an die unterschiedlichen Gegenstände dieser Willensherrschaft anknüpfen konnte. Als solche ergaben sich erstens die dem Menschen äußerlichen, natürlichen Gegenstände, zweitens andere Personen (wegen ihrer Personsqualität nur) in Hinsicht auf einzelne ihrer Handlungen sowie drittens die eigene Person. Während die Brauchbarkeit des letztgenannten Ansatzes umstritten blieb[40], folgte aus den beiden erstgenannten Objekten der Willensherrschaft die Unterscheidung von Sachen- und Schuldrecht.

Soweit in ihren Grundvorstellungen bezüglich des „äußeren" Systems der Stoffdarbietung die historische Rechtsschule. Es ist dazu bemerkenswert, daß noch *Heise* das Pandektensystem ohne vergleichbare theoretische Anstrengung, offenbar allein im Vertrauen auf seine Zweckmäßigkeit für die Jurisprudenz, eher postuliert als argumentativ begründet hatte. Die rechtliche Zweckmäßigkeit tritt für die Gegenüberstellung von Schuld- und Sachenrecht in der Tat deutlich zutage, wenn man sich vergegenwärtigt, daß es hier um „relative" Rechte gegen bestimmte andere Personen, dort um unmittelbare Zuordnung von äußeren Gegenständen und damit um „absolute" Rechte gegen jedermann geht. Insoweit bietet die systematische Einordnung bestimmter Rechtssätze unmittelbare rechtlich-praktische Orientierung. Wir haben inzwischen freilich manche feinere Differenzie-

---

[38] *Zitelmann,* Der Wert eines allgemeinen Teils des bürgerlichen Rechts, Grünhuts Z 33 (1906), 11.

[39] Vgl. *Savigny,* System des heutigen römischen Rechts I (1840), 332 ff, 350, 386 f.

[40] Mit wenig überzeugenden Gründen letztlich gegen die Rechte an der eigenen Person *Savigny* aaO, 335; deutlich anders *Puchta,* Cursus der Institutionen I⁹ (1881), 49 ff.

rung gelernt und anerkennen Zwischenbereiche und Übergangserscheinungen[41], insbesondere eine gewisse „Verdinglichung" an sich obligatorischer Rechte, sowie einen gewissen deliktischen Schutz von Forderungsrechten gegen bestimmte Eingriffe Dritter[42]. Die orientierende Wirkung der Einordnung von Rechten oder Rechtssätzen in das Schuld- oder in das Sachenrecht wird dadurch aber nur etwas relativiert, nämlich in manchen Zusammenhängen von zusätzlichen Überprüfungen abhängig gemacht, nicht aber beseitigt. Die Orientierungseignung und damit die juristische Zweckmäßigkeit der besprochenen Systematisierung lebt unverändert vor allem von der Geltung des Prinzips der Relativität der Forderungsrechte hier und vom unmittelbaren Zuweisungszweck dort; somit von normativen Größen. Der theoretische Hinweis auf unterschiedliche Objekte der Willensherrschaft fügt dem nicht einmal bessere Anschaulichkeit hinzu, im Gegenteil: Miete, Pacht, Leihe, auch Vorbehaltskauf und Leasingvertrag betreffen letztlich auch der Person äußere Güter. Die scheinbar einfache ontologische Einteilung nach den möglichen Gegenständen von Willensherrschaft muß hier sofort korrigiert oder doch präzisiert werden und verliert dadurch an Anschaulichkeit.

Was aber immer von den theoretischen Begründungserwägungen für das Pandektensystem zu halten sein mag: Sein Erfolg war jedenfalls durchschlagend. Das zeigt sich besonders im österreichischen Recht, wo ungeachtet der nach dem Institutionensystem aufgebauten Kodifikation der privatrechtliche Rechtsstoff seit der Mitte des vorigen Jahrhunderts in den systematischen Darstellungen entsprechend dem Pandektensystem dargeboten wird[43].

Der systematische Beitrag der Rechtsentwicklung seit *Heise* besteht im wesentlichen darin, daß neben das stets außerhalb des Pandektensystems gebliebene Handelsrecht eine ganze Reihe von weiteren „Sonderprivatrechten" getreten ist. Wodurch sich diese eigentlich von den zahlreichen „Sondergesetzen" unterscheiden, die nie als eigene Systemmaterien und Teildisziplinen des Privatrechts behandelt werden, ist eine wenig geklärte Frage. An anderer Stelle[44] habe ich zu zeigen versucht, daß sich auch die

---

[41] Umfassend insbes. *Canaris*, Die Verdinglichung obligatorischer Rechte, FS *Flume I* (1978), 371 ff; vgl. auch *Diederichsen*, Das Recht zum Besitz aus Schuldverhältnissen (1965); aus der älteren Literatur vor allem *Dulckeit*, Die Verdinglichung obligatorischer Rechte (1950). Aus der Standardliteratur insbes. *Westermann*, Sachenrecht[6] (1990), 43 ff. Zu einem im österreichischen Recht aktuellen Problem des „Zwischenbereichs", dem „petitorischen Schutz des Mieters gegen Dritte", vgl. auch die systematischen Überlegungen bei *Bydlinski*, Der negatorische Schutz des Mieter gegen Dritte und das Rechtssystem, FS *Wesener* (1992), 81 ff.

[42] Grundlegend *Koziol*, Die Beeinträchtigung fremder Forderungsrechte (1967).

[43] Vgl. oben Anm. 36.

[44] *Bydlinski*, Sonderprivatrechte – Was ist das? FS *Kastner* (1992), 71 ff.

„Sonderprivatrechte" mit Hilfe des Pandektensystems kennzeichnen lassen, und zwar negativ: Sie können, zum Unterschied von den zahllosen Sonder- oder Nebengesetzen, nicht zur Gänze einem bestimmten Teil des Pandektensystems zugeordnet werden, weisen aber zugleich soviel an systematischer Einheitlichkeit auf, daß es unzweckmäßig wäre, sie auf die verschiedenen Teilmaterien des Pandektensystems aufzuspalten.

Das gegenwärtig aktuelle „äußere" Privatrechtssystem besteht jedenfalls in der Addition des Pandektensystems für das „allgemeine" Zivilrecht mit den Sonderprivatrechten. Dieses „gegenwärtige Bild des Privatrechtssystems" wird in eindrucksvoller Weise vom neuen Bürgerlichen Gesetzbuch der Niederlande auch als kodifikatorische Einheit präsentiert[45]. Die darin liegende gesetzgeberische Leistung muß unter den heutigen Bedingungen juristischer und insbesondere legistativer Arbeit als nahezu unglaublich und jedenfalls als bewundernswertes Vorbild betrachtet werden.

## 10. Ihr ungeeigneter praktischer Ansatz des Begriffssystems

Auch in der Zeit hohen wissenschaftlichen Interesses am Rechtssystem scheinen die eben referierten Vorstellungen über die Bildung des „äußeren" Systems des Privatrechts nicht als bewußtes Hilfsmittel möglichst rationaler Rechtsfindung eingesetzt worden zu sein. Die systematischen Erwägungen und die praktische Rechtsgewinnung stehen vielmehr unverbunden nebeneinander, wenn man davon absieht, daß bessere systematische Übersichtlichkeit eines gegebenen Rechtsstoffes schon als solche die Auffindung der jeweils für ein bestimmtes Sachproblem einschlägigen Rechtsregeln fördert. Hinsichtlich der Rechtsfindung sollte daher ein zweiter, ganz anderer Systemansatz weiterführen, ein Ansatz, der der Spätform der Rechtswissenschaft des 19. Jahrhunderts die Bezeichnung als „Begriffsjurisprudenz" eingetragen hat. Gemeint ist der Gedanke, den vorfindlichen Rechtsstoff in wissenschaftlich-logischer Analyse durch Ausarbeitung umfassender „Begriffspyramiden", also eines vollständigen, logisch aufgebauten Begriffssystems, in einen „höheren Aggregatzustand" zu überführen. Das berühmte Beispiel *Puchtas*[46] für eine solche Begriffspyramide bildet die Untergliederung des subjektiven Rechts mit Hilfe der schrittweise jeweils auf der folgenden Abstraktionsstufe durch Hinzufügung weiterer Merkmale entwickelten Begriffe: absolutes Recht, dingliches Recht, beschränktes ding-

---

[45] Dazu etwa die Referate von *van Dijk, Hondius, Hartkamp* und *Vranken* sowie die Diskussionsbeiträge bei *Bydlinski-Mayer-Maly-Pichler,* Renaissance der Idee der Kodifikation (1991).

[46] AaO, 57. Dort auch weitere charakteristische Äußerungen: Gefordert wird eine vollständige „Genealogie der Begriffe"; behauptet wird weiter, jeder dieser Begriffe sei ein „lebendes Wesen".

liches Recht an fremder Sache, Servitut, Grunddienstbarkeit, Wegerecht. Ziel war, jeden Rechtsfall, oder vielleicht besser jedes problematische Element eines Rechtsfalles, auf einer dieser Abstraktionsstufen unter den dort maßgebenden Begriff zu subsumieren und so durch rein logische Operation zur Lösung zu kommen. Angestrebt war also rationale Rechtsfindung, somit eine durchaus rechtspraktische Aufgabe, in der striktesten Version.

Bekanntlich sind diese Bestrebungen der Begriffsjurisprudenz gründlich gescheitert. Das hat leider für viele das Streben nach tunlichst rational begründeter Lösung von Rechtsproblemen überhaupt diskreditiert; jedoch ganz zu Unrecht. Das Scheitern der Begriffsjurisprudenz erklärt sich zureichend daraus, daß sie ihr der praktischen Rechtsfindung zugewendetes System aus Elementen aufgebaut hat, die für sich allein diesem Zweck nicht dienen, die normativ allein nichts rechtfertigen können, nämlich aus Begriffen.

Generelle Abneigung gegen „Begriffe" ist freilich auch in der Rechtswissenschaft absurd. Ohne Begriffe kann man weder denken noch sprechen noch auch Zwecke setzen oder werten, wenn man die Wertung anderer auch nur mitteilen will. Denn jede Wertung, die über ein dumpfes Gefühl hinausgeht, muß sich auf Gegenstände beziehen, die nur begrifflich umschrieben werden können. Die Feindseligkeit gegen möglichst klar gefaßte und möglichst konsequent festgehaltene Begriffe, die in der Kritik an der Begriffsjurisprudenz vielfach hervortritt und die teilweise groteske Formen angenommen hat, ist daher vollkommen verfehlt, weil krasser Irrationalismus. Das ändert aber nichts daran, daß man mit abgrenzenden Begriffen allein die Lösung eines bestimmten normativen Problems schlechthin nicht begründen kann. Eine optische Täuschung, die das Gegenteil suggeriert, konnte überhaupt nur entstehen, weil es zunächst wohl nur um die Auslegung von Begriffen ging, die in anzuwendenden Rechtsnormen (auch und gerade des gemeinen Rechts) für deren Tatbestände verwendet worden waren. Die Auslegung des gerade interessierenden Begriffes war damit vor allem die Auslegung der maßgebenden Norm samt ihrer Rechtsfolge oder mindestens ihrer teleologischen Tendenz. Nur auf dieser umfassenderen Grundlage konnte eine Begründung für die benötigten sachproblemnahen „Fallnormen"[47] (Fikentscher) oder sogar für die Lösungsregel im Einzelfall gefunden werden.

Man versuche als Test, einen Rechtsfall, in dem etwa über die Verteilung der Befugnisse zwischen Eigentümer und Wegeberechtigtem gestritten wird, unter einen der Begriffe der erwähnten „Pyramide" zu subsumieren,

---

[47] *Fikentscher*, Methoden des Rechts (1975–1977) IV, insbes. 176 ff. Einige Abweichungen von der einschlägigen Theorie *Fikentschers* bei *Bydlinski*, Juristische Methodenlehre 515 ff, die jedoch die Anschaulichkeit und Nützlichkeit des Begriffs als Bezeichnung einer erst zu erarbeitenden fallnäheren Regel nicht berühren.

dem im geltenden Recht gültige Rechtsvorschriften, maßgebende Gesetzeszwecke oder Prinzipien nicht entsprechen; der vielmehr lediglich wissenschaftlich für äußere Übersichtszwecke gebildet wurde. Das trifft in der zitierten Begriffspyramide etwa für den Begriff des „beschränkten dinglichen Rechts an fremder Sache" zu. Es ist nicht ersichtlich, wie ein praktisches Rechtsfindungsproblem beschaffen sein müßte, damit seine Lösung durch eine solche Subsumtion gefördert werden könnte. Auf den Begriffsstufen, denen sehr wohl bestimmte gültige Normen entsprechen, weil die betreffenden Begriffe (ausdrücklich oder implizit) in normativen Größen des Systems verwendet werden, hängt die Lösungseignung der „Subsumtion" unter den betreffenden Begriff ganz vom genaueren Norminhalt ab. Selbst die gelungene Begriffssubsumtion bleibt also auch hier nutzlos, soweit sie nicht zu bestimmten Rechtsfolgen oder wenigstens Zweck- oder Wertungstendenzen führt, die für die Lösung des gerade gestellten Problem hilfreich sind. Wird etwa darüber gestritten, ob der Servitutsberechtigte den Weg auch durch seine Pensionsgäste benützen lassen darf, wenn er in seinem Haus nunmehr auch eine Fremdenpension betreibt[48], so hilft nicht der „Begriff" der Wegeservitut weiter, sondern nur die ganze Regelung über den Rechtsumfang, die notfalls aus den Zwecken und Prinzipien des ganzen Rechtsinstituts interpretativ zu präzisieren ist.

Möglich ist es allerdings, Abgrenzungsbegriffe normativ anzureichern, also durch teleologische oder wertbezogene Definitionsmerkmale zu bestimmen; etwa den Begriff des Rechtsgeschäfts als „werterfüllten" Begriff oder „Funktionsbegriff" zu fassen, in den der Grundsatz der Privatautonomie definitorisch einbezogen ist. Das Rechtsgeschäft kann dann etwa u. a. dadurch definiert werden, daß es dazu dient, Selbstbestimmung zu realisieren. Doch ist es in aller Regel bei weitem vorzuziehen, wenn man einen deskriptiven Abgrenzungsbegriff zur Umschreibung des Anwendungsbereiches von Normen benutzt und Regeln, Zwecke und Prinzipien in bezug auf diesen Bereich vollständiger formuliert. Ganze Normen oder sogar Regelungskomplexe in Kurzform durch einen Begriff zu verschlüsseln, ist alles andere als ratsam. Dadurch entsteht bloß die Gefahr, daß der praktisch ausschlaggebende normative Inhalt des Begriffes unter der Hand von Fall zu Fall unausgesprochen variiert wird; eine Gefahr, die umsomehr ins Unkontrollierbare steigt, je weniger präzis das normative Begriffsmerkmal bestimmt ist.

Bei Begriffen, die von vornherein fundamentale Sollens-Begriffe sind, wie etwa „Recht" oder „Gerechtigkeit", bleibt allerdings nichts anderes übrig als die sprachanalytische Herausarbeitung der damit üblicherweise verbundenen normativen Vorstellungen und deren präzisierende Explika-

---

[48] Fall aus eigener Praxis.

tion für den jeweils verfolgten genaueren Zweck. Das ist aber etwas ganz anderes als der Versuch, für Zwecke der Rechtsanwendung die ganze Rechtsordnung in geschlossenen, logisch entfalteten Begriffssystemen abzubilden. *Dieser* Versuch der „Begriffsjurisprudenz" ist, wenn in der Rechtswissenschaft irgend etwas, exemplarisch gescheitert. Der Versuch einer Reparatur dadurch, daß man ein Rechtssystem aus lauter werterfüllten, normativ aufgeladenen Begriffen aufzubauen strebt, ist mit guten Gründen unterblieben. Denn es ist evident, daß die jeweils gesuchten Problemlösungsregeln als normative Prämissen eben Normen und nicht bloße Begriffe benötigen und daß die ersteren besser unmittelbar formuliert als versteckt in der Kurzform eines Begriffes verkleidet werden. Aus dem Versuch, das Rechtssystem für praktische Rechtsfindungszwecke als Begriffshierarchie zu rekonstruieren, kann man letztlich also nur lernen, daß der zu systematisierende „Rechtsstoff" nicht in „Begriffen" besteht.

## 11. Der zu systematisierende „Rechtsstoff"

Offenbar untauglich ist für diese Zwecke aber auch die Beschränkung „des Systems" auf die autoritativ vorformulierten staatlich-positiven Rechtsvorschriften, deren vielfältige, oft gar nicht vermeidbare Schwächen bei solcher Beschränkung zum Scheitern vor allen schwierigeren Rechtsgewinnungsproblemen führen müßten. Eine „systematische Darstellung", die wirklich nur mit anderen (oder sogar mit denselben!?) Worten die ohnehin nachlesbaren positiven Rechtsvorschriften „beschreiben"[49] und nach irgendwelchen äußeren Gesichtspunkten ordnen wollte, wäre ohne ersichtlichen Nutzen. Auch die konsequenten etatistisch-positivistischen Rechtstheorien führen also bei der Frage nach dem zu systematisierenden Rechtsstoff kaum weiter.

Es empfiehlt sich daher, zunächst auf die juristische Erfahrung im Zusammenhang mit den üblicherweise sogenannten „systematischen" Darstellungen zu sehen, wenn man einen brauchbaren Ausgangspunkt für die Umschreibung des zu systematisierenden Rechtsstoffes erhalten will. Solche Darstellungen unterscheiden sich in der Anlage und damit in der Ausführlichkeit sowie vor allem in der Entfaltung bis in die Einzelheiten natürlich sehr voneinander. Vom umfassend angelegten Handbuch bis zum kurzen Grundriß gibt es zahlreiche Möglichkeiten. Doch lassen sich, unabhängig von Unterschieden in der Intensität und im Detailreichtum der

---

[49] Daß die Rechtswissenschaft bloß die Aufgabe der „Beschreibung" des „positiven Rechts" habe, ist eine zahllose Male wiederholte Hauptthese der in Österreich herrschenden Variante des Gesetzespositivismus. An der Entbehrlichkeit der „Beschreibung" ohnehin sprachlich formulierter Objekte ändert aber die oftmalige Wiederholung dieser Zielvorstellung nichts.

Darstellung bezüglich des jeweils erfaßten Rechtsstoffes durchaus Konstanten ausmachen: Die „positiv" vorfindlichen Rechtsnormen sind der eine Ausgangspunkt, der aber stets auf den zweiten, nämlich auf die vom Rechtsleben wirklich oder potentiell gestellten *Probleme,* bezogen wird. Dieser Bezug mündet in die Angabe von konkreten Lösungsregeln für die Sachprobleme und wird durch die *Begründungen* hergestellt, die zwischen den vorfindlichen generelleren Normen und den benötigten Lösungsregeln vermitteln. Die für einfachere Fälle ausreichende Begründungsart, die Deduktion aus den „Begriffskernen" der Normbegriffe auf bestimmte Sachverhaltselemente, wird dabei höchstens an wenigen Beispielen exemplifiziert. Das Schwergewicht liegt naturgemäß auf den schwierigeren Anwendungs-, Auslegungs- und Fortbildungsproblemen, wobei je nach der Anlage der systematischen Darstellung die Begründungen für die angegebenen Lösungsregeln ausführlich entwickelt oder bloß durch Zitate von Rechtsprechung und Literatur, aus denen sie sich hoffentlich zureichend ergeben, repräsentiert werden. Die entwickelten Begründungen umfassen auch die deskriptiven Prämissen, die in juristischen Argumentationen eine sehr zentrale Rolle spielen, vor allem aber in normativer Beziehung über die autoritativ proklamierten positiven Rechtsvorschriften hinaus deren jeweils aufschlußreichen Zwecke und die den betreffenden Rechtsinstituten oder Systemteilen zugrundeliegenden Wertungen oder Prinzipien (was man praktisch gleichsetzen kann) sehr verschiedener Abstraktionsstufen. Je weniger Raum in einer knappen Darstellung für die explizite Entwicklung aller schon bekannten Begründungszusammenhänge ist, um so wichtiger ist die Angabe der Prinzipienschicht, an der die benötigten Begründungen in schwierigeren Fällen mit anzusetzen haben.

## 12. Inhaltliche Begründungszusammenhänge im System und Rechtsfindung

Alle genannten Elemente des somit sehr komplexen „Rechtsstoffs" werden, mehr oder weniger eingehend, in den systematischen Darstellungen bereitgestellt, soweit sie schon erarbeitet und daher bekannt sind. Kontroverse, neu auftretende oder im neuen Kontext gestellte Problemlagen müssen – will man sofortige freie und subjektive ad-hoc-Wertung durch jeden Beurteiler für sich vermeiden – in die im System sichtbar gemachten Begründungszusammenhänge zwischen seinen schon bekannten normativen Elementen eingeordnet und der Lösung zugeführt werden, deren Maxime am besten in das System paßt. Dieses stellt zwar alles andere als eine logisch perfekte Ordnung von durchgängig deduktiv auseinander abgeleiteten Elementen dar. Eine solche ist nicht möglich, schon weil die Ermittlung von Gesetzeszwecken und Rechtsprinzipien empirische Feststellungen und induktives Vorgehen voraussetzt und weil auch die deduktiven Ableitungen häufig rahmenhaft und daher konkretisierungsbedürftig bleiben. Dessen ungeachtet konnte und kann aber qualitätvolle juristische Begründungsarbeit nur darin bestehen, daß man die Lösungsregel für das gerade anstehende schwierige Problem sucht, die mit mehr und vor allem mit inhaltlich – d. h. im Begründungszusammenhang – höherrangigen Normen des Systems übereinstimmt bzw. die weniger oder weniger bedeutsame Normen des Systems verletzt, als dies bei den alternativ denkbaren Lösungsregeln zutrifft. Das ist es, was *Roland Dworkin*[50] als die Notwendigkeit bezeichnet, auch schwierige Rechtsprobleme nicht nach freiem Ermessen, sondern vielmehr aufgrund der „besten Rechtstheorie" zu lösen, die für das betreffende Problem entwickelt werden kann. Diese muß im Bedarfsfall über die durch die gesetzgebende Staatsautorität proklamierten Rechtsvorschriften hinaus zu den allgemeinen Rechtsprinzipien führen, die einerseits erkennbar solchen Vorschriften (und ihren judiziellen Konkretisierungen und Fortbildungen) zugrunde liegen und andererseits unseren (ganz überwiegenden oder wenigstens weit verbreiteten) rechtsethischen, staatsübergreifend wirkenden Überzeugungen entsprechen, die auch der Kontrolle von den Fundamentalprinzipien der Rechtsidee her standhalten[51]. Für die Orientierung an allgemeinen Rechtsprinzipien statt bloßer Ermessensübung sprechen insbesondere die Erfordernisse tunlichster Konsistenz und Voraussehbarkeit der Ergebnisse der juristischen Arbeit, die von den fundamentalen Geboten des Gerechtigkeitsgleichmaßes und der Rechtssicherheit herkommen.

Bei solchem Verständnis von Rechtsfindung in schwierigen Fällen spielen die Prinzipien des Rechts insgesamt und jene der jeweils in Frage kommende Systemteile ersichtlich eine tragende Rolle. Die jeweilige Lösung muß häufig durch in Optimierungsabsicht vorgenommene Prizipienabwägung gesucht werden, wie schon ausgeführt und am Beispiel der weiteren Milderung der Arbeitnehmerhaftung dargelegt wurde. Solche Prinzipien gehören, wenn sie einmal ermittelt sind, also zum „Rechtsstoff", der für die jeweils aktuellen Probleme vorweg übersichtlich-systematisch bereitgestellt werden muß, damit die in jedem Bedarfsfall einsetzende Suche nach der bestbegründeten Lösungsregel, also nach der jeweils problembezogenen „besten Theorie", Erfolgsaussichten hat. Auch das verdient nochmalige Hervorhebung. Ist man statt dessen bestrebt, jedes schwierige Problem

---

[50] Vgl. oben bei und in Anm. 27; auch zur Notwendigkeit, die relevanten Elemente des Systems problembezogen und methodisch bestmöglich zu präzisieren, was erst die „beste Theorie" ergeben kann. Die systematische Einordnung des Problems ist also notwendige, aber noch nicht zureichende Voraussetzung der „besten Theorie".

[51] Die letztere Voraussetzung muß gemacht werden, um zu bestimmten Zeiten und an bestimmten Orten verbreitete normative Pervertierungen auszuschalten, deren reale Möglichkeit die totalitaristischen Staats- und Ideologiesysteme dieses Jahrhunderts so nachhaltig deutlich gemacht haben.

„systemunabhängig" durch freie, aber irgendwie doch „richtige"(?) ad-hoc-Wertung zu lösen, führt dies mit Notwendigkeit in die Kontroverse der verschiedenen Beurteiler oder Beurteilergruppen.

## 13. Das „äußere" und das „innere" System

a) Akzeptiert man das bisher Gesagte, bleibt noch immer dringlich zu klären, welche Rolle das Rechtssystem bei der *Ermittlung* von Rechtsprinzipien spielt. Diese muß ja die primäre Aufgabe darstellen. Die Frage ist, ob bzw. wie „das System" bei dieser, sehr komplexen Ermittlung helfen kann.

Ausgangspunkt für die Antwort muß die Unterscheidung des „äußeren" und des „inneren" Systems sein, die inzwischen durchaus verbreitet ist[52]. Das Verhältnis der beiden Systemkonzepte zueinander scheint freilich weithin ungeklärt zu sein[53], ist aber für die Verwertbarkeit „des Systems" für praktische Zwecke entscheidend.

Das „äußere" System, das regelmäßig gemeint ist, wenn nur vom „System" ohne weitere Beifügung die Rede ist, zielt auf ein Schema für die übersichtliche, zur Auffindung des jeweils gerade Benötigten geeignete Abfolge bei der Darstellung eines gegebenen Rechtsstoffes. Insofern kommt zunächst jedes übersichtlichkeitsfördernde Systematisierungskriterium, z. B. auch alphabetische Reihenfolge, in Frage. Ein rechtswissenschaftliches System ist aber wohl noch nie mit einem Maß an Beliebigkeit entworfen worden, wie es durch den bloßen äußeren Übersichtszweck ermöglicht würde. Mehr oder weniger theoretisch reflektierte rechtliche Erfahrung betreffs der praktischen Orientierungseignung für die Rechtsfindung dürfte stets eine mit maßgebende Rolle gespielt haben, wie am Beispiel des Pandektensystems und insbesondere von Schuld- und Sachenrecht mit ihrem Kerngehalt der Relativität von Forderungsrechten bzw. der unmittelbaren Güterzuordnung bereits angedeutet wurde.

Diese Erfahrung läßt sich m. E. zu zwei Systematisierungsrichtlinien verdichten: Einerseits ist abzustellen auf relativ gut abgrenzungsgeeignete Grundbegriffe, die einen bestimmten Realitätsausschnitt oder „Lebensbe-

---

[52] Zu dieser Unterscheidung insbes. *Heck,* Begriffsbildung und Interessenjurisprudenz (1932), 139 ff; *Canaris,* Systemdenken und Systembegriffe in der Jurisprudenz[2] (1983), 19 ff, 35 ff; *Larenz,* Methodenlehre der Rechtswissenschaft[6] (1991), 437 ff, 474 ff; *E. Mayer,* Grundzüge einer systemorientierten Wertungsjurisprudenz (1984), 141; *Mayer-Maly,* Einführung in die allgemeinen Lehren (1984), 19; *Mittenzwei,* Teleologisches Rechtsverständnis (1988), 242. Zu folgen ist der Auffassung (insbes. von *Canaris* und *Larenz*), die das „innere System" als ein System von Prinzipien oder „Wertungsgesichtspunkten" bestimmt; vgl. auch Anm. 24.

[53] Zutreffende Andeutungen (das äußere System als „Wegweiser zu den einschlägigen Wertungspunkten") aber bei *Mayer* aaO, 96.

reich" als Anwendungsgebiet der systematisch zusammenzufassenden Normengruppe festlegen. Man denke etwa an die Grundbegriffe Schuld, Sache, Familie, Immaterialgut, Versicherung etc. Zum zweiten muß die betreffende Normengruppe über inhaltliche Besonderheiten verfügen, also unterscheidungskräftige Wertungen oder Grundsätze, oder auch besondere Kombinationen von solchen aufweisen. Man kann kurz von „Abgrenzungseignung" einerseits und von „normativer Spezifität" anderseits sprechen. Spezifisch rechtswissenschaftliche Systematisierungen sind dadurch ausgezeichnet, daß die beiden Richtlinien gut konvergieren.

Das Doppelkriterium wird in der aktuellen Literatur zum Rechtssystem im Grund vielfach verwendet[54], wenn auch mit unterschiedlichen Bezeichnungen und mit unterschiedlicher Akzentsetzung stärker beim Realbereich oder bei der normativen Eigenständigkeit. Meines Erachtens sind beide Momente gleichmäßig nötig und vor allem ihre Kongruenz entscheidend. Als drittes, hilfsweises Kriterium für Zweifelsfälle lassen sich sonstige Zweckmäßigkeitsgründe heranziehen, wie ein bedeutender Umfang des in Betracht kommenden Rechtsstoffes, seine Erfassung in größeren selbständigen Gesetzeswerken sowie fachlich wohlbestätigte praktische Bewährung.

b) Die Annahme der Doppelrichtlinie bedeutet zugleich die Ablehnung erstens einer rein „realistischen" Systembildung bloß anhand von (wichtigen) Lebensbereichen, auf die sich bestimmte Normengruppen beziehen. Solche Realitätsausschnitte lassen sich auf der Grundlage ganz unterschiedlicher Wichtigkeitskriterien nahezu beliebig benennen, aber nicht brauchbar abgrenzen, weil sie sich in größtem Umfang überschneiden müssen. Selbst wenn es aber gelänge, die Beliebigkeit und damit die Abgrenzungsschwäche durch konventionelle Festlegungen zureichend zu überwinden, würde die Untauglichkeit rein „realistischer" Systembildung nur um so deutlicher werden. Im wesentlichen müßte ja der Effekt eintreten, der oben schon den Kritikern der „allgemeinen Teile" eingewendet wurde: Wenn man etwa für den Handel mit unverarbeiteten land- und forstwirtschaftlichen Produkten, für jenen mit fabrikneuer Ware, für den Altwarenhandel, für gewerbliche Dienstleistungen, für freiberufliche Dienstleistungen, für den Verkehrsbereich, den Freizeitbereich, den Sportbereich, für die Altersheime, für das Kreditwesen etc. jeweils umfassende Regelungen über den Abschluß des Vertrages, die Ungültigkeitsgründe, die Erfüllung der Rechtsverhältnisse, die Leistungsstörungen mit allen ihren Folgen usw. aufstellen wollte, müßte eine nochmalige monströse Vermehrung des Rechts-

---

[54] Vgl. insbes. *Schmidt-Rimpler*, Vom System des bürgerlichen und Wirtschaftsrechts, in: Zur Erneuerung des bürgerlichen Rechts (1938), 92; *dens.*, Wirtschaftsrecht in: Handwörterbuch der Sozialwissenschaften (1965), 690; *Koppensteiner*, Wirtschaftsrecht, Rechtstheorie 1973, 29 ff; *Coing*, Geschichte und Bedeutung des Systemdenkens in der Rechtswissenschaft, ÖZöR VIII (1957/58), 257 ff.

stoffes eintreten, die die Übersichtlichkeit des Rechts gewiß nicht fördert und die jedenfalls das Streben nach Konsistenz im Recht alsbald ganz illusorisch machen müßte. Die Schwierigkeit, die maßgebenden Regelungen zu finden, wenn es sich etwa um eine gewerbliche Dienstleistung in Gestalt eines Transports im öffentlichen Verkehr handelt, die eine von einer Bank vorfinanzierte Lieferung gebrauchter Sportgeräte an einen Freizeitklub betrifft, kann man sich leicht ausmalen.

Leider weniger hypothetisch sind bereits schadensrechtliche Beispiele für ziemlich unkontrollierte Konsequenzen scheinbar besonders realistischer neuer Systemansätze: Die gesetzlichen Neuregelungen der Produzentenhaftung stützten sich zunächst auf einleuchtende Überlegungen, die die spezifischen Gefahren der industriellen Massenproduktion betrafen und die eine dementsprechende weitere Gefährdungshaftung nahelegten. Das einschlägige Europarecht und die ihm folgenden innerstaatlichen Gesetze haben sich jedoch inhaltlich von dieser ihrer eigenen Begründung völlig gelöst und bloß auf den realen Vorgang der Produktherstellung Wert gelegt; freilich mit der dann gänzlich inkonsequenten Ausnahme für unbearbeitete land- und forstwirtschaftliche Produkte[55]. Der glücklicherweise

---

[55] Dazu jetzt (im Rahmen der theoretisch bedeutsamen Herausarbeitung eines neuen Typs der Gefährdungshaftung) *Canaris*, Die Gefährdungshaftung im Licht der neueren Rechtsentwicklung, JBl 1995, 7. Die Möglichkeit, durch eine „restriktive Handhabung des Fehlerbegriffs" (aaO) bei nicht-industrieller Produktion eine Art Nachbesserung des Gesetzes vorzunehmen, mag eine gewisse Abhilfe bieten, aber schon wegen des im Gesetz einheitlichen Fehlerbegriffs höchstens in besonders krassen Fällen der Zweckwidrigkeit. Auch bleibt bei Abgehen von den spezifischen Gefahren der industriellen Massenproduktion die im Gesetz enthaltene Ausnahme für unbearbeitete land- und forstwirtschaftliche Produkte unüberbrückbar inkonsequent. Ähnlich steht es aber auch mit der Unanwendbarkeit der Produkthaftungsgesetze auf beschädigte „Unternehmersachen" (zu S. 8). Das Argument der Versicherbarkeit trägt die Unterscheidung schwerlich, da man (insbes.) die private Haushaltsversicherung angesichts ihrer weiten Verbreitung nicht als schlechthin unzumutbarer betrachten kann als eine Betriebsversicherung des präsumtiven Geschädigten. Darüber hinaus ist die Anwendung des Versicherungsarguments auf die Geschädigtenseite im vorliegenden Zusammenhang an sich wenig überzeugend, da jedenfalls auf der Seite des Produzenten eine Haftpflichtversicherung unvermeidlich sein wird und weil die Forderung, in welchen genaueren Grenzen auch immer, an die präsumtiven Geschädigten, sich selbst zu versichern, daher unzweckmäßig erscheint: Hinsichtlich der „Transaktionskosten" sicher, hinsichtlich der Prämienhöhe wahrscheinlich sind zwei Versicherungen für gegenständlich übereinstimmende Risiken teurer als nur eine. Die „Produzentenhaftung" nach allgemeinen schadenersatzrechtlichen Regeln bleibt auch gegenüber „Unternehmersachen" aufrecht, so daß höchstens eine geringe Verbilligung der Haftpflichtversicherung in Betracht kommen dürfte. M. E. haben sich also die normativ nicht mehr zureichend reflektierte Anknüpfung an das reale Phänomen der (nicht weiter qualifizierten) Warenproduktion wie auch das offensichtliche Bestreben, die Produkthaftungsgesetze mit dem besonderen Nimbus des „Verbraucherschutzes" auszustatten, durchaus nachteilig ausgewirkt: Sie führten zum Verzicht auf konsistente Wertung.

wenigstens einstweilen nicht Gesetz gewordene Entwurf einer Dienstleistungshaftungsrichtlinie[56] hat sich in der Präambel ausdrücklich zu seiner Begründung auf angeblich schadensrechtlich relevante Besonderheiten der Dienstleistungen bezogen, seine Haftungsregeln aber sodann auf bestimmte Arten von Dienstleistungen beschränkt, zu denen die zahlreichen Rechtsverhältnisse nicht gehören, die die Betreuung fremden Vermögens zum Gegenstand haben. In solchen Inkonsequenzen rächt es sich, daß „Warenproduktion" oder „Dienstleistungen" als schadenersatzrechtlich relevante Kategorien angesehen werden, ohne daß dafür prinzipiell-systematisch irgendein Anlaß bestünde[57]. Die Bedenken werden noch stärker, wenn man sich bei Geltung auch der Dienstleistungshaftungsrichtlinie einen einschlägigen Verkehrsunfall vorstellt, in dem dann Verschuldenshaftung, Gefährdungshaftung für Kraftfahrzeuge, Dienstleistungshaftung und Produkthaftung in ein undurchsichtiges Konkurrenzchaos geraten können, das z. B. sehr erschwerte Regreßprobleme provoziert.

Wie allgemein, sollte man also auch bei den Systemfragen die utopische Hoffnung aufgeben, daß rechtsfremde, ohne Beachtung der juristischen Erfahrung vorgetragene Ansätze im Zusammenhang mit Recht die besseren sind. In Wahrheit ist aus den angedeuteten Gründen die Annahme naiv, daß etwa allein die „große soziale Bedeutung" eines bestimmten Regelungsbereiches, etwa des Sports oder allgemeiner der Freizeitaktivitäten, eine eigenständige rechtliche Systemkategorie konstituieren (oder auch eine umfangreiche sondergesetzliche Regelung fordern) müsse.

c) Die Doppelrichtlinie für die Systematisierung bedeutet aber zweitens auch eine Absage an Systematisierungsversuche bloß mit Hilfe normativer Prinzipien oder Wertungen, die allein nie zu annähernd zureichenden Abgrenzungen führen können. Ein klassisches Beispiel ist das „Wirtschaftsrecht", für das breiteste Abgrenzungsdiskussionen bereits vor Jahrzehnten 35 unterschiedliche, inzwischen weiter vermehrte Bestimmungsversuche ergeben haben[58]. Fest steht dabei nur, daß es sich keineswegs um den ganzen Rechtsstoff handeln kann, der sich auf den Realbereich „Wirtschaft" be

---

[56] Dazu insbes. *Deutsch-Taupitz*, Haftung der Dienstleistungsberufe (1993), mit zahlreichen internationalen Beiträgen.

[57] Daß solche (wirtschaftlichen) Begriffe ihre Tauglichkeit gerade als schadenersatzrechtliche Abgrenzungskategorien nicht schon daraus begründen können, daß sie (oder Synonyme) in ganz anderem normativem Kontext, etwa bei der Beschreibung der wirtschaftlichen Freiheiten im Zielkatalog des primären Europarechts, bereits als „Rechtsbegriffe" erscheinen, sollte unmittelbar einsichtig sein. Sogar von Fachleuten wird dies aber, wie Diskussionsbemerkungen zeigen, verkannt.

[58] *Schluep*, Was ist Wirtschaftsrecht? FS *Hug* (1968), 25 ff; neuere Bemühungen um den Begriff des Wirtschaftsrechts sind nachgewiesen bei *Fezer*, Zur Begriffsgeschichte des Wirtschaftsrechts seit der Gründung der Bundesrepublik Deutschland, in: *Mohnhaupt* (Hrsg.), Rechtsgeschichte in den beiden deutschen Staaten (1991), 704 ff.

zieht. Die Bemühungen um eine engere Abgrenzung haben als plausibelstes Ergebnis hervorgebracht, daß eine abgrenzende Umschreibung eines eigenen Systemteils „Wirtschaftsrecht" gar nicht möglich, sondern vielmehr eine bestimmte Sichtweise charakteristisch ist[59], die man wohl als normatives Postulat ständiger Mitbeachtung auch der Allgemeininteressen beschreiben kann[60]. Unrichtig ist jedoch, daß darin ein Gegensatz zum „überkommenen" oder „klassischen" Privatrecht liege, das bloß durch die Berücksichtigung individueller Interessen gekennzeichnet sei. Vielmehr gibt es offenkundig Institute auch schon des ganz alten Privatrechts, die nur durch Zwecke und Prinzipien zureichend erklärbar sind, die auch allgemeine Interessen würdigen, die jene der unmittelbar an einem Rechtsverhältnis Beteiligten überschreiten. Als Beispiel seien nur die Verjährung und die Ersitzung sowie die sachenrechtlichen Publizitätsanforderungen erwähnt. Der richtige Kern des Abstellens auf die „individuellen Interessen" ist, daß privatrechtliche Regelungen auch an einer noch zureichenden Beachtung der Interessen der unmittelbar Beteiligten orientiert sein müssen, soll nicht in deren Verhältnis das Gebot ihrer Anerkennung als gleichwertige Personen verletzt werden[61]. Dem „Wirtschaftsrechtsgedanken" kann also m. E. ungeachtet aller Bemühungen und ihrer allfälligen Fortsetzung in der Tat kein abgrenzbarer, eigenständiger Systemteil abgewonnen werden, sondern nur – was aber wichtig genug ist – das Postulat, auch im Privatrecht in allen Regelungszusammenhängen betroffene Dritt- und letztlich Allgemeininteressen *mit*zubeachten.

Ähnliches gilt für das „Verbraucherrecht", dessen Unabgrenzbarkeit als Sondergebiet schon daraus erhellt, daß jeder Mensch in mindesten einer seiner ökonomischen Rollen Verbraucher ist. Ungeachtet des ökonomisch-realistisch klingenden Verbraucherbegriffs, mit dem in Wahrheit in nahezu beliebiger Weise umgegangen wird[62], bezieht die einschlägige Diskussion ihre Plausibilität aus dem – systematisch freilich sehr präzisierungsbedürftigen – Gedanken des rechtlichen Schutzes für den Schwächeren, der z. B. schon im Entwurf Martini (1779), einem Vorläufer des ABGB, ausdrücklich ausgesprochen war[63]. Mit dem einigermaßen ernstgenommenen Verbraucherbegriff im ökonomischen Sinn läßt sich diese Schutztendenz, wie u. a. der wirtschaftlich einem bestimmten Partner weit unterlegene Land-

---

[59] Etwa *Tilmann*, Wirtschaftsrecht (1986), 51.

[60] Vgl. *Rittner* aaO, V, 4, 12 ff, 17, 19; *Schmidt-Rimpler* aaO, 693.

[61] Zu diesem Prinzip der beiderseitigen Rechtfertigung *Bydlinski*, Fundamentale Rechtsgrundsätze, 307.

[62] *Medicus*, Wer ist ein Verbraucher? FS *Kitagawa* (1992), 471 zeigt die ganz verschiedenen Verbraucherbegriffe der neueren einschlägigen Gesetzgebung im einzelnen auf.

[63] § 33.

wirt, Gewerbetreibende oder sonstige Kleinunternehmer zeigt, nicht annähernd zur Deckung bringen. Sehr wohl lassen sich der einschlägigen Diskussion und entsprechenden Ansätzen schon im überkommenen Privatrecht, vor allem im Irrtums- und im Wucherrecht, für die heutigen Verhältnisse wohlbegründet, zusätzliche Richtlinien, und zwar ein Informationsprinzip und ein Prinzip der Inhaltskontrolle für Zwangslagen und bei strukturell starkem Informationsgefälle, entnehmen. Sie sind allerdings nicht für irgendeine Sondermaterie spezifisch, sondern, wie ihre Ausgangspunkte im überkommenen Privatrecht, in dessen ganzem (mindestens) vermögensrechtlichem Teil bedeutsam.

d) Die zweite der Systematisierungsrichtlinien, die „normative Spezifität", repräsentiert die Tauglichkeit einer systematischen Gliederung für die praktische juristische Arbeit der Rechtsgewinnung: Diese wird von den bereits bekannten, schon bei der äußeren Systembildung mit maßgebenden Leitzwecken und Wertprinzipien angeleitet und kontrolliert. Damit erweist sich die normative Spezifität zugleich als Bindeglied zu dem zweiten schon erwähnten Systemkonzept, nämlich zum „inneren" System. In diesem sollen, unabhängig von den äußerlichen Darstellungs- und Übersichtszwecken, die normativ orientierenden, weil weithin für die Einzelregelungen als Begründung wirkenden Leitgedanken in ihren Zusammenhängen sichtbar gemacht[64] und für die Rechtsanwendungsarbeit am Einzelproblem als Richtpunkte und Kontrollmaßstäbe auf Vorrat bereitgestellt werden.

Am deutlichsten wird die Vorstellung vom „inneren System" in der Beschreibung, daß in diesem System die begründenden teleologischen Zusammenhänge zwischen den allgemeinen Prinzipien der umfassenden Rechtsgebiete zu den weniger allgemeinen der einzelnen Systemteile und dann zu jenen der dort eingeschlossenen Rechtsinstitute aufzuzeigen sind. Der Begründungszusammenhang ist jener zwischen allgemeineren und spezielleren normativen Größen und daher ein deduktiver, mag auch vielfach bloß eine rahmenhafte, auf weitere Konkretisierung auf der unteren Stufe angewiesene Ableitung in Frage kommen und mag im Wirkungsbereich mehrerer unterschiedlicher Prinzipien auch nach der jeweiligen Einzelableitung eine Prinzipienabwägung erforderlich werden[65].

Eine Ausdehnung des „inneren Systems" über die Prinzipienschichten hinaus auf die durchgehende explizite Darstellung aller inhaltlichen Begründungszusammenhänge im Recht würde den Grundgedanken idealer verwirklichen als die Beschränkung auf die Prinzipienschichten, stößt aber

---

[64] So insbes. *Canaris* aaO und *Larenz* aaO, wie in Anm. 52.
[65] Vgl. in und bei Anm. 21 sowie das obige Beispiel der (weiteren Milderung der) Arbeitnehmerhaftung.

angesichts der Beschaffenheit des Rechtsstoffes, der gerade in den Einzelregelungen Begründungszusammenhänge oft nicht oder nur bruchstück-
haft erkennen läßt, sehr rasch an die Grenzen des Möglichen.

## 14. Ihr Verhältnis zueinander

Ein näher entwickeltes inneres System kann sich für die einzelnen
Systemmaterien nicht mit den Prinzipien oder Prinzipkombinationen begnügen, die auffallend im Vordergrund stehen und daher schon bei der
äußeren Systembildung wirken, weil erst sie die nötige „normative Spezifität" herbeiführen. Vielmehr ist eine möglichst umfassende Herausarbeitung
der Prinzipienschichten aller Systemteile sowie ihrer Zusammenhänge für
die allgemeineren und spezielleren Rechtsmaterien erforderlich. Vom vor-
läufigen Abstellen auf zureichende „normative Spezifität" abgesehen, erweist sich die äußere Systembildung somit als grundlegend auch für die Erarbeitung des inneren Systems. Denn man kann der Prinzipien etwa des
Schadenersatzrechts, des Sachenrechts, des Immaterialgüterrechts etc. wegen des wesentlichen induktiven Elements der Prinzipienermittlung nicht
habhaft werden, ohne das Schadenersatzrecht, Sachenrecht, Immaterial-
güterrecht vorweg einigermaßen abgegrenzt zu haben. Andernfalls könnte
man nicht wissen, welche Gruppen konkreter Rechtsregeln man bei der
Erarbeitung der jeweiligen Prinzipienschichten als Ausgangspunkt zu nehmen hat. Wer etwa die Schadensversicherung zum Schadenersatz rechnen
möchte, wird eine zum Teil andere Prinzipienschicht finden als jener, der
das nicht tut.

Die grundlegende Bedeutung des üblichen, äußeren Systems auch für das
„innere" und damit für die auf Vorrat bereitstellbare normative Orientierung der Rechtsfindung für das Einzelproblem scheint bisher nicht oder
doch nicht in ihrer vollen Bedeutung aufgefallen zu sein. Andernfalls wäre
nicht verständlich, wieso sich die aktuelle Rechtswissenschaft insgesamt so
wenig für Systemfragen interessiert und wieso sie, soweit das doch der Fall
ist, zu rechtsfremden, bloß „realistischen" oder zu bloß als politische Pa-
role tauglichen Systematisierungsansätzen neigt, die beim Versuch der
ernstlichen Durchführung scheitern.

Besonders hervorzuheben ist für das „innere System" die Pluralität der
Prinzipienschichten, von der bereits bisher stillschweigend ausgegangen
wurde. Ein Fall, in dem man die konkreteren Rechtsregeln und Gesetzeszwecke eines größeren Systemteils von einem einzigen Leitgedanken her
rechtfertigen kann, scheint noch nicht bekannt geworden zu sein. Sogar im
Rechtsgeschäftsrecht, in dem das Prinzip der Privatautonomie gewiß eine
beherrschende Rolle spielt, sind die Auswirkungen auch des Vertrauensprinzips, des – als Korrekturfaktor gegenüber extremen Gestaltungen

dienenden – Äquivalenzprinzips, des Selbstverantwortungs- bzw. Zurechnungsprinzips und jene der Erlaubtheitsmaxime (die auf eine Reihe beschränkender Voraussetzungen verweist) von sehr erheblichem Einfluß[66]. Die Rechtsfindung am Einzelproblem hat sich zunächst an den im Gesetz tatbestandlich vorgegebenen Abwägungsergebnissen zwischen diesen Prinzipien, sonst (mangels Analogiefähigkeit) in deren Grenzen am Postulat der Prinzipienoptimierung zu orientieren.

## 15. Stoffbedingte Grenzen rationaler Rechtsfindung „aus dem System"

An dieser Stelle sollte ausdrücklich hervorgehoben werden, daß und wie sich die vorliegenden Bemühungen um eine tunlichst konsistente, dem Gerechtigkeitsgebot des Gleichmaßes genügende Rechtsgewinnung gerade mit Hilfe „des Systems" von den längst diskreditierten älteren Lehren unterscheiden, die als „Begriffsjurisprudenz" rein logische Rechtsfindung erhofften. Hier geht es nicht um schrittweise Deduktion aus einem einheitlichen Ausgangspunkt auf immer enger umschriebene reale Sachverhalte. Vielmehr wird die Pluralität aller Prinzipienschichten sogar besonders unterstrichen. Hier geht es nicht um ein System von Begriffen, sondern um ein solches von normativen Größen (oder, wenn man lieber so will, von Aussagen über solche Größen) verschiedener Beschaffenheit bis hin zu den Prinzipien, die „mehr oder weniger" realisierbare Werttendenzen enthalten. Hier wird kein logisch perfektes System erwartet, sondern muß man sich mit den bruchstückweisen bzw. rahmenhaften (konkretisierungsbedürftigen) Begründungszusammenhängen begnügen, die im jeweils bekannten Rechtsstoff gegeben sind. Hier werden auch die feststellenden und die induktiven Elemente bei der Ermittlung der normativen Größen des Systems hervorgehoben. Bestanden wird nur darauf, die rationalen Begründungs- und Kontrollmöglichkeiten, die sich auch in einem so wenig perfekten System sehr wohl ergeben, voll auszuschöpfen. Bestanden wird auch darauf, daß sich bei solcher Verwertung rationaler Begründungsmöglichkeiten bei Auftreten eines neuen oder in einem neuen Kontext aktualisierten Problems rechtlich nicht immer wieder ab ovo anfangen läßt. Die Aufgabe der „äußeren" und der damit, wie gezeigt, eng zusammenhängenden „inneren" Systembildung besteht eben darin, dieser Ausschöpfung für alle künftigen Probleme tunlichst „auf Vorrat" vorzuarbeiten. Die „freie" oder „unbefangene" ad-hoc-Wertung zur Lösung des jeweiligen Einzelproblems mag bequemer sein als die tunlichste Abstützung der benötigten

---

[66] Dazu näher *Bydlinski*, Privatautonomie und objektive Grundlagen des verpflichtenden Rechtsgeschäfts (1967).

Prämissen im System und ihre methodische Zuspitzung auf das konkrete Problem. Sie führt jedoch in vermeidbar großem Ausmaß in Inkonsistenz und Willkür sowie in die Unvorhersehbarkeit der Ergebnisse.

Fraglich bleibt freilich angesichts der zugestandenen Abweichung vom logisch perfekten System und seiner einfachen deduktiven Weiterführung auf das Einzelproblem, wie weit man mit den Bemühungen um eine rationale, auf die Rechtsordnung als Rechtssystem gestützte und methodisch kontrollierte Rechtsfindung kommt. Das ergibt sich im einzelnen erst, wenn man es ausprobiert. Erforderlich ist dabei vor allem, daß man bei den konkretesten Normenstufen des Systems ansetzt und die begründenden allgemeineren schrittweise heranzieht, wenn die konkreteste Stufe allein für die Problemlösung zu vage ist oder wenn sich bei der Problemlösung aus der konkretesten Normstufe Widersprüche zu höheren Prinzipienschichten ergeben, sobald man deren Anforderungen auf den Realbereich des in Frage stehende Systemteils anwendet. Auch die Prinzipienschichten sind gestuft, von denen des engeren Systemteils zu jenen des allgemeinen, einzusetzen. Beliebiges „Springen" über die zunächst betroffenen Systemteile hinaus zu einzelnen Maximen abstrakterer Prinzipienschichten macht die Rechtsfindungsergebnisse ebenso inkonsistent und unvorhersehbar wie die freie Wertung. Als Beispiel sei etwa an die Kalamitäten erinnert, die aus der Zuerkennung fiktiver Mietwagenkosten als Schadenersatz und aus den Folgeproblemen bei Gebrauchsentbehrung in Bezug auf Motorboote, Schwimmbecken, Häuser etc. entstanden sind[67]. Bei der Zuerkennung fiktiver Kraftfahrzeugkosten war ohne systematische Kontrolle und daher für einen nicht brauchbar abzugrenzenden Bereich bei einer schadenersatz-

---

[67] Vgl. einerseits den gründlichen und scharfsinnigen Vorlagebeschluß des V. Zivilsenats des BGH in JZ 1986, 387, der vorschlug, die Anerkennung fiktiver Kosten zum Ausgleich von Gebrauchsentbehrung auf die Kraftfahrzeuge zu beschränken, die bereits in langjähriger Rechtsprechung so behandelt wurden, und anderseits die Entscheidung des Großen Senats des BGH in BGHZ 98, 212, der die Mietwagenkosten-Rechtsprechung darüber hinaus ausdehnen, aber zunächst „insbesondere" (220) und schließlich (222) endgültig auf Sachen „beschränken" will, „auf deren ständige Verfügbarkeit die eigenwirtschaftliche Lebenshaltung typischerweise angewiesen ist". Vgl. aber auch die sehr „offenen" Ausführungen zur Bemessung des einschlägigen Vermögensschadens (unter IV). Überzeugender ist der Vorschlag von *Flessner*, Geldersatz für Gebrauchsentgang, JZ 1987, 271 unter Berufung auf englische Fälle: Verkehrsübliche Verzinsung des eingesetzten Kapitals, die auf die Zeit der Gebrauchsentbehrung entfällt. Das könnte ein systematisch durchführbares Bewertungskriterium darstellen, das sowohl die Aufstellung von recht freihändigen Tabellen für die Bestimmung der fiktiven Mietwagenkosten wie die kaum wirklich greifbaren Merkmale der ständigen Verfügbarkeit, der eigenwirtschaftlichen Lebenshaltung und des typischen Angewiesenseins samt der Einschränkung durch das fehlende tatsächliche Angewiesensein erübrigen, deren Zusammenhang mit dem Phänomen des Vermögensschadens überdies undeutlich ist.

rechtlichen Einzelfrage unmittelbar auf eine ganz allgemeine Maxime des Sozialschutzes zurückgegriffen worden[68].

Die Möglichkeit methodisch legitimer Behebung von Widersprüchen zwischen den Ergebnissen der konkretesten Regelschicht und höherer Prinzipienstufen ist bei richtiger Sicht durch die „lex-lata-Grenze" eingeschränkt, die bei der Übereinstimmung von klarem Gesetzesinhalt und konkreter „Absicht des Gesetzgebers" liegt[69] und die sich ihrerseits auf die fundamentalen Maximen der Rechtssicherheit und des Gerechtigkeitsgleichmaßes stützt. Aufgelockert ist diese Grenze allerdings wieder durch die Möglichkeit von „Funktionswandel"[70]. Auf diese schwierigen methodischen Probleme kann hier nur hingewiesen werden.

## 16. Beispiele für prinzipiell-systematisches Rechtsdenken

Das bisher zur prinzipiell-systematischen Rechtsfindung Gesagte mußte sich auf erheblicher theoretischer Abstraktionshöhe bewegen. Ich hätte nicht gewagt, es vorzutragen, wenn ich nicht auf Grund eigener Erfahrungen daran glauben würde, daß es nichts Praktischeres gibt als eine adäquate Theorie, auch wenn sich sowohl förderliche wie umgekehrt destruktive Auswirkungen theoretischer Reflexion erst auf Umwegen und langfristig einstellen. Der sehr wünschenswerten abschließenden Veranschaulichung am Beispiel sind aus Zeitgründen enge Grenzen gesetzt. Daher sei zunächst der Hinweis erlaubt, daß ich die eben dargelegten Vorstellungen von systematisch-prinzipieller Rechtsfindung in dem schon erwähnten Buchmanuskript näher ausgeführt habe. Dort wird insbesondere versucht, in der vollen Breite des Privatrechts einschließlich der Sonderprivatrechte die tragenden Prinzipien der hauptsächlichen Systemmaterien und ihre Verbindungen zu den ganz fundamentalen Rechtsgrundsätzen herauszuarbeiten,

---

[68] Zu Beginn der einschlägigen Rechtsprechung dürfte das Argument, in Zweifelsfällen über die Haftungslage würde der reiche Autoeigentümer ohne Bedenken einen Mietwagen tatsächlich nehmen, während der arme Autoeigentümer das Risiko nicht eingehen könne, daher häufig zugunsten des Schädigers sparen werde und damit schlechter gestellt sei, das eigentlich tragende gewesen sein. Bemerkenswert ist, daß im österr. Recht (bei mindestens gleich starker sozialpolitischer Sensibilität) das Schutzproblem ganz anders gesehen wurde: Arme Autoeigentümer sollten vor allem dagegen geschützt werden, daß sie im Hinblick auf die – realen, nicht fiktiven! – Mietwagenkosten Geschädigter hohe Haftpflichtversicherungsprämien zahlen müssen. Das führte zum System des „Spalttarifs" (Möglichkeit billigerer Haftpflichtversicherung für die, die auf den Anspruch auf real aufgewendete Mietwagenkosten verzichteten; zur gegenwärtigen diesbezüglichen Rechtslage *Schauer*, Das österr. Versicherungsvertragsrecht[3] (1995), 426 f.

[69] Vgl. *Bydlinski*, Juristische Methodenlehre, 566 ff; in der Sache übereinstimmend auch *Koch-Rüssmann* aaO, 255.

[70] Vgl. *Bydlinski* aaO, 577 ff.

soweit dies im Zusammenhang mit der Überprüfung der äußeren Systembildung, genauer der dabei mit maßgebenden „normativen Spezifität", oder
auch aufgrund bereits vorliegender Herausarbeitung der Prinzipienschichten mancher Systemteile möglich ist. Das Ergebnis ist mindestens der Ansatz eines, in der vorliegenden Form 131 Prinzipien umfassenden, „inneren
Systems" des Privatrechts. Dabei zeigen sich auch viele Beispiele für die
Orientierungseignung der Prinzipienschichten bei der praktischen Rechtsfindung.

Um nicht bloß auf ein zukünftiges Buch verweisen zu müssen, darf ich
aus der schon vorliegenden Literatur als Beispiele für das hier gemeinte
prinzipiell-systematische Rechtsdenken die „Elemente des Schadensrechts" von *Walter Wilburg*[71] nennen, die hinsichtlich der dort als „Elemente" bezeichneten Haftungsprinzipien in keiner Weise überholt sind[72]
und die damit auch belegen, daß die Prinzipienschichten im Recht, die man
deswegen auf keiner Stufe für unveränderlich halten muß, jedenfalls viel sta-
biler und schon deshalb für die Zwecke längerfristiger normativer Orientierung geeigneter sind als die konkreten Regelschichten.

Weiter habe ich schon vor Jahrzehnten versucht, die tragenden Prinzipien des Schuldvertragsrechts in der Schrift über die Privatautonomie umfassend herauszuarbeiten[73]. Auch heute halte ich diesen Versuch zwar für
im einzelnen verbesserungsbedürftig, in der Tendenz aber für richtig.

Sehr einschlägig sind auch etwa die ausführlichen Bemühungen *Wiede-
manns*[74] um die inhaltlichen leitenden Prinzipien des aktuellen Gesell-
schaftsrechts; ferner die Angaben der Sachenrechtsprinzipien in den großen
Darstellungen dieses Rechtsgebiets, die merkwürdigerweise dort viel umfassender entwickelt zu werden pflegen als in den anderen Privatrechtsma-
terien. Zu erwähnen ist weiter die ebenso systematische wie bewunderns-
wert umfassende Aufarbeitung des weithin in freie Wertungen und punk-
tuelle Ansätze aufgelösten Bereicherungsrechtes durch *Reuter-Martinek*[75].

Soweit es nicht um die Herausarbeitung und Bereitstellung der ganzen
Prinzipienschichten bestimmter Materien, sondern um die Ermittlung und

---

[71] Wie in Anm. 22.

[72] So zutreffend *Canaris* wie in Anm. 59.

[73] Vgl. Anm. 66. Die herausgearbeiteten Grundsätze sind neben der Privatautonomie
der Vertrauens- und der Verkehrsschutz, das Äquivalenzprinzip und die ethische Kraft
der Vertragstreue, die aber als stärkster Zurechnungsgrund in das Selbstverantwortungs-
prinzip gestufter Zurechnung einzubeziehen ist. Die in der genannten Schrift bloß kurz
zur Abgrenzung angesprochenen Institute, vor allem jene, die strukturellen Unterlegen-
heitssituationen sowie Anforderungen des unmittelbaren Persönlichkeitsschutzes Rech-
nung tragen (169 ff) wurden insgesamt in der zitierten Schrift nicht mit zureichender Ver-
tiefung behandelt.

[74] Gesellschaftsrecht I (1980), 357 ff.

[75] Ungerechtfertigte Bereicherung (1983).

genauere Wirkungsbestimmung einzelner Leitgedanken in bestimmten Systemteilen geht, müßten hier zahllose gehaltvolle rechtsdogmatische Werke genannt werden. Statt dessen mögen etwa als Beispiele dienen im Rechtsgeschäftsrecht die aktualisierten Wiederentdeckungen der Privatautonomie durch *Flume*[76], des Vertrauensprinzips durch *Canaris*[77] und des Äquivalenzprinzips durch *Wieacker*[78]; aber auch die Bemühungen der Literatur der letzten Jahrzehnte um das Informationsprinzip oder um eine – von kontrollierbaren Merkmalen abhängig zu machende – „Inhaltskontrolle" im Vertragsrecht, deren Etikettierung als „Verbraucherschutz" freilich einerseits unnötig einengend, andererseits komplizierend wirkt und so zu Übertreibungen und Polarisierungen Anlaß zu geben scheint. Nicht vergessen dürfen die Anstrengungen werden, die dem unmittelbaren privatrechtlichen Persönlichkeitsschutz gewidmet waren[79] und die sich nach dem zweiten Weltkrieg, auch unter Berufung auf Verfassungsprinzipien, so erfolgreich durchgesetzt haben; vielleicht mit einem zu starken Akzent auf „dem allgemeinen" Persönlichkeitsrecht.

Außerhalb des Privatrechts sind etwa die Theorie der Grundrechte von *Alexy*[80] zu nennen, die für die Verwendung von Prinzipien bei der praktischen Rechtsfindung ganz allgemein überaus lehrreich ist, sowie die monumentalen und tiefdringenden Bemühungen von *Tipke* um systematische und daher konsistente Rechtsfindung (und Rechtsgestaltung) im insoweit besonders heiklen Steuerrecht; Bemühungen, die das System ausdrücklich und umfassend als Mittel zur Annäherung an das Gerechtigkeitsgleichmaß einsetzen[81]. Genau dies ist auch mein Ziel.

## 17. Ein abschließendes bereicherungsrechtliches Anwendungsbeispiel

Auch diese, durchwegs nur exemplarischen Hinweise veranschaulichen die vorgelegten theoretischen Ausführungen nur in beschränkten Umfang. Abschließend sei daher, nach der viel früher erörterten Arbeitnehmerhaftung, wenigstens noch ein zweites konkretes Beispiel gebotener prinzipiell-systematischer Rechtsfindung kurz diskutiert. Ich entnehme es dem Berei-

---

[76] Insbes. Allgemeiner Teil³ (1979).
[77] Die Vertrauenshaftung (1971).
[78] Zur rechtstheoretischen Präzisierung des § 242 BGB (1956).
[79] Insbes. *Hubmann*, Das Persönlichkeitsrecht² (1967).
[80] Wie Anm. 21.
[81] In dem großen, dreibändigen Werk „Die Steuerrechtsordnung" finden sich die grundsätzlichen Ausführungen über die mit Hilfe des Systems zu verfolgenden Gleichmaßpostulate in I (1993), insbes. 110 ff; vgl. auch bereits *dens.*, Steuergerechtigkeit (1981), insbes. 24 ff, 47 ff.

cherungsrecht, einem Rechtsgebiet, in dem der bis zur Undurchschaubarkeit schwierige Diskussionsstand bereits zu weitgehender Resignation geführt hat; in der Rechtsprechung insbesondere zu weitgehender Verweisung auf die Umstände des Einzelfalles, wodurch die für deren Beurteilung maßgebenden Kriterien im Dunkeln bleiben müssen. In der Theorie wurde im Hinblick auf das Bereicherungsrecht sogar ganz grundsätzlich eine Änderung des „Stils" der Rechtsdogmatik empfohlen, die nicht mehr „präskriptiv", sondern nur noch „konsultativ"-empfehlend formulieren sollte[82].

Das ist freilich kein tauglicher Abhilfevorschlag. Man braucht sich nur vorzustellen, daß in der gesamten gegenwärtigen Diskussion die unveränderten Positionen und Ergebnisse der einzelnen Autoren von diesen nicht mehr als nach geltendem Recht zutreffende Lösungen, sondern nur als „Empfehlungen" präsentieren würden. Dann ändert sich an der Undurchschaubarkeit zahlreicher streitiger Meinungen, die von den unterschiedlichsten und oft unabgesicherten Prämissen ausgehen, doch gar nichts. Den Anspruch, die dem geltenden Rechtssystem am besten entsprechende Lösung zu suchen und sodann zu vertreten, darf die Rechtsdogmatik auch gar nicht aufgeben, ohne sich selbst aufzugeben. Soweit eine Begründung der jeweiligen „Meinungen" aus rechtlich relevanten Prämissen auch nur versucht wird, liegt bereits darin eine völlig zureichende Relativierung des für das Ergebnis jeweils vertretenen Richtigkeitsanspruches, der sich sodann jedenfalls in der Diskussion bewähren muß, die die Begründung kritisch prüft. Nicht ein unangemessen präskriptiver „Stil" der „Dogmatik" ist also die Wurzel des Übels, sondern vielmehr das Ausgehen vieler Diskutanten von eher beliebigen, jedenfalls keineswegs systematisch abgesicherten Prämissen, für die dann manchmal ein geradezu naiv-selbstverständlicher Geltungsanspruch erhoben wird.

All dies läßt sich gut am Beispiel des beschränkt geschäftsfähigen Bereicherten und hier insbesondere am Exempel des berühmten „Flugreisefalles"[83] zeigen. Es ging darum, ob ein minderjähriger „blinder Passagier" für die erschlichene Flugreise von Hamburg nach New York, die ihm keinen meßbaren Vorteil am Vermögen brachte, den tarifmäßigen Flugpreis zahlen muß. Der BGH hat das bejaht. Die anschließenden literarischen Auseinandersetzungen hat ein wichtiger Dogmatikkritiker[84] im wesentlichen

---

[82] *Flessner,* Wegfall der Bereicherung (1970); *ders.,* Bewegliches System und Bereicherungsrecht (in dem Anm. 22 zitierten Sammelband), 159 ff.

[83] BGHZ 55, 128.

[84] *Kötz,* Rechtsdogmatik und Rechtsvergleichung, in: *K. Schmidt,* Rechtsdogmatik und Rechtspolitik (1990), 85 ff; kritisch dazu bereits *Canaris,* Theorienrezeption und Theoriestruktur, FS *Kitagawa,* (1992), 77 ff; Nachweis der streitigen Meinungen zum Bereicherungsanspruch gegen Minderjährige bei *Reuter-Martinek* aaO, 653.

wie folgt kommentiert: Die Wertung sei ohnehin (im Sinne des BGH) klar; ausländische Kollegen, die nicht von der Hypertrophie unserer Bereicherungsdogmatik beeinflußt seien, hätten an der Bereicherungshaftung keinen Zweifel. Der literarische Streit betreffe auch gar nicht das Ergebnis, sondern die dogmatische Konzeption und könne daher auf sich beruhen.

Diese Kritik ist exemplarisch für die Schwäche und für die praktische Untauglichkeit antidogmatischer und damit antisystematischer Alternativkonzepte. Die Berufung auf ausländische Beurteiler, deren Maßstäbe und deren grundsätzliches Verständnis vom Bereicherungsrecht unbekannt bleiben, ist kein rational nachvollziehbares Argument für die Beurteilung eines Problems nach eigenem Recht. Die literarische Auseinandersetzung betrifft keineswegs bloß konstruktive Fragen, sondern die Bejahung oder Verneinung der Bereicherungshaftung der Minderjährigen selbst, also mit unüberbietbarer Deutlichkeit das materielle Ergebnis. Und die selbstverständliche Wertung ist alles andere als selbstverständlich, wenn man einigermaßen systematisch, und das heißt mit dem Ziel konsistenter Ergebnisse, zu Werke geht.

Mit guten systematischen Gründen, nämlich aus den bereicherungsrechtlichen Grundgedanken des Güter- und Leistungsschutzes sowie der Tragung zurechenbar selbst geschaffenen Risikos, ist allerdings längst zu Lasten des unredlich Bereicherten aus §§ 818 Abs. 2, 819 BGB abgeleitet worden, daß (insbesondere) dieser den objektiven Wert der empfangenen Leistung oder des in Anspruch genommenen Gebrauches des fremden Gutes zu zahlen hat[85]. Dieser nicht vermögens-, sondern leistungs- oder rechtsgutbezogene Bereicherungsbegriff bedeutet in der Sache, daß *hier* bereits die erlangte (und im Verkehr normalerweise nur entgeltlich erlangbare) Chance auf einen nachhaltigen Vorteil als zu vergütende Bereicherung (in Höhe des normalerweise auf dem Markt aufzuwendenden Betrages) qualifiziert wird. Ob dies eine selbstverständliche Wertung ist, erscheint zweifelhaft angesichts der Mühen, die für die grundsätzliche Begründung und Durchsetzung dieses Bereicherungsmaßstabes aufgewendet werden mußten, kann aber dahinstehen. Für einen Minderjährigen ist jedenfalls die undifferenzierte Anwendung dieser Regel alles andere als selbstverständlich. Der Zustand kraft Alters noch unzureichender Handlungsfähigkeit ist im Bereicherungsrecht nicht besonders geregelt. Das Merkmal der „Unredlichkeit" und die nicht rechtsgeschäftliche Grundlage der Bereicherungshaftung scheinen auf den ersten Blick ohne weiteres auf die Deliktsfähigkeit hinzuweisen und deren analoge Anwendung nahezulegen. Da-

---

[85] Zum deutschen Recht grundlegend *von Caemmerer*, Bereicherung und unerlaubte Handlung, FS *Rabel I* (1954), 368; vgl. näher die Ausführungen und Belege bei *Reuter-Martinek* aaO, 544 ff vor allem zur Unterscheidung von vermögens- und gegenstandsbezogenem Bereicherungsverständnis.

nach wäre in der Tat die Bereicherungshaftung auf den tarifmäßigen Flugpreis begründet.

Auf den zweiten Blick in den systematischen Nahbereich geregelter
Handlungsfähigkeit zeigt sich aber ein großer Widerspruch: Das Ergebnis
bestünde ja darin, daß der Minderjährige exakt so behandelt wird, als hätte
er einen gültigen Beförderungsvertrag geschlossen. Genau dies wird ihm
aber durch die Regeln über die Geschäftsfähigkeit verwehrt. Einen meßbaren Vorteil am Vermögen, der dies im Sinne der gebotenen Abschöpfung
einer ungerechtfertigten Bereicherung im engen Verständnis erklären
könnte: einer Bereicherung, die über die bloße Inanspruchnahme des fremden Gutes oder der fremden Leistung hinausgeht, hat der Minderjährige
*nicht* erlangt. Ebensowenig hat die Fluggesellschaft einen Schaden, da der
Flug auch ohne den blinden Passagier genauso stattgefunden hätte. Der
Schutzzweck rechtlicher Güterzuordnung ist also erheblich weniger tan-
giert als bei erfolgter Schädigung. Der Minderjährige, dem die Rechtsordnung durch die Geschäftsfähigkeitsregeln mit gutem Grund attestiert, daß
er zu selbständiger geschäftlicher Entscheidung noch nicht befähigt sei,
hätte sich also durch eine solche Disposition, die bewußte Inanspruchnahme der fremden Leistung, die ihn „unredlich" macht, genau in
die Verpflichtung verstrickt, die die Geschäftsfähigkeitsregeln von ihm
fernhalten. Was an der Bejahung dieses widerspruchsvollen Ergebnisses
zweifelsfrei sein sollte, ist nicht zu sehen. Der BGH[86] erkennt das Wider-
spruchsproblem nur im Ansatz und unzureichend, wenn er die verschärfte
Bereicherungshaftung deutlich nur „für die Abwicklung etwaiger vom
beschränkt Geschäftsfähigen abgeschlossener Rechtsgeschäfte" ablehnt;
genauer insoweit auf die Kenntnis des gesetzlichen Vertreters abstellt. Ernst
genommen, liefe diese Differenzierung darauf hinaus, daß ein Minderjähriger, der in Kenntnis seiner beschränkten Geschäftsfähigkeit ein unwirksa-
mes Geschäft schließt und sodann bewußt rechtsgrundlos die fremde Leistung bewirkt, keinem Bereicherungsanspruch ausgesetzt ist, sehr wohl
aber der Minderjährige, der im Bewußtsein seiner beschränkten Geschäftsfähigkeit vom Abschluß eines ohnehin unwirksamen Vertrages Abstand
und sogleich bewußt rechtsgrundlos die fremde Leistung in Anspruch
nimmt.

Vor dem allgemeinen Schutzprinzip nach persönlichen Eigenschaften
gestufter Handlungsfähigkeit wäre aber bereicherungsrechtlich relevantes
Abstellen auf Vorliegen oder Fehlen eines genau auf Grund dieses Schutz-
prinzips ungültigen Geschäfts geradezu willkürlich.

Bei systematischer Beachtung der beiden in Betracht kommenden genaueren Regelungskomplexe über die Handlungsfähigkeit, nämlich jener
über die Delikts- und über die Geschäftsfähigkeit, muß vielmehr angestrebt

---

[86] BGHZ 55, 136.

werden, daß die primäre analoge Heranziehung der Deliktfähigkeitsregeln zureichend korrigiert wird, also nicht zu einem Ergebnis führt, das die Zwecke und Grundwertungen des Geschäftsfähigkeitsrechts schlechthin durchkreuzt. Für die verschärfte Bereicherungshaftung des Unredlichen muß man daher die „Handlungsfähigkeit" ungeachtet bestehender Deliktsfähigkeit als gemindert beurteilen. Das legt die Heranziehung des Rechtsgedankens von § 829 BGB nahe und führt dann dazu, daß im Rahmen des tarifmäßigen Flugpreises als des maßgebenden objektiven Wertes eine Vergütung nach Billigkeit, insbesondere nach den beidseitigen Vermögensverhältnissen, zu bestimmen ist[87]. Diese Lösung erscheint nicht etwa „bloß begrifflich", sondern auch im Ergebnis wesentlich befriedigender als die volle, von einem erlangten greifbaren Vorteil wie von einem Schaden der Gegenseite unabhängige Haftung des Minderjährigen genau auf das, wozu er sich selbst bei umfassender Überlegung willentlich gar nicht verpflichten kann. Welchen Sinn sollte es haben, ihm diese Pflicht wegen seines bewußten Willensaktes (der Inanspruchnahme) auf einem Umweg doch aufzuerlegen?

## 18. Zusammenfassung

Hoffentlich hat das zuletzt besprochene Beispiel die Thesen noch etwas bestätigen können, die ich jetzt abschließend als Zusammenfassung formulieren möchte:

a) Die Notwendigkeit eines spezifisch rechtswissenschaftlichen „äußeren" Systems (der Stoffdarbietung), das die Rechtsfindung fördert, ist wiederzuentdecken.

b) Das Rechtssystem hat außer den „fertigen" Regeln u. a. auch die allgemeineren normativen Größen, also die Prinzipien der „äußeren" Systemteile, darzustellen. Sie bilden in ihrer Abstufung von den konkreteren zu den allgemeineren Materien das „innere" System, das daher die adäquate „äußere" Systembildung voraussetzt.

c) Tunlichst rationale Rechtsfindung muß vom „äußeren" und vom „inneren" System in ihrem Zusammenhang sorgfältigen Gebrauch machen: Dies ist auch für „schwierige Fälle" weithin durch ein prinzipiell-systematisches Rechtsdenken möglich, das in geordneter Weise auf die Prinzipien der betroffenen Teilmaterien als normative Argumente zurückgreift.

d) Diese Rechtsfindung ist, soweit ihre voll auszuschöpfenden Möglichkeiten reichen, allen anderen, heute vielfach propagierten Arten der Rechtsfindung, die auf rationale Begründungen vorzeitig verzichten, vorzuziehen.

---

[87] Für das österr. Recht verweist bereits *Wilburg* in *Klang*, Kommentar VI² (1951), 486 auf den (§ 829 BGB im wesentlichen entsprechenden) Rechtsgedanken des § 1310 ABGB.

# Inhaltsverzeichnis